香港城市大學中文及歷史學系
創系十週年叢書
02

盛世的風景

唐玄宗的天命敘事與城市景觀

呂家慧 著

中華書局

香港城市大學中文及歷史學系
創系十週年叢書總序

客人來訪，都說香港城市大學方便，以其連接交通樞紐，毗鄰購物商場。商場被學生戲稱為「白區」，從白區穿越時光隧道，通過紅門，進入紫綠藍黃紅區，便是大學。的確，校園商場，幾近無縫接軌，大學在城市之中，城市也在大學之內。在大學的某個角落，有一個「中文及歷史學系」，師生們也在埋首研究和書寫城市。中文及歷史學系由創系系主任李孝悌教授建立之初，即以中國口岸城市研究為主要發展方向。光陰荏苒，轉眼十年，是時候交些功課，本輯「創系十週年叢書」，即立意於此。

我們去年年末邀請一些同仁為叢書撰著，今秋陸續收成，發現大家竟不謀而合地皆論及或立足於城市，且古今相投，前後呼應。古代方面，有兩千多年前的楚都紀南城（沈德瑋），千多年前的長安與上黨（呂家慧）、寧波和日本福岡與奈良（李怡文）。近代方面，有兩本不約而同地以十九至二十世紀的香港為主題（程美寶、陳學然），但一旦講到香港，便不得不論及鄰近城市。有兩本分別追溯蕭紅在哈爾濱和上海（劉東）、饒宗頤在新加坡（楊斌）的人生軌跡，但這兩位主角最終都魂歸香港。二十、二十一世紀之交，人類學家（曹南來）遠赴巴黎、羅馬，尋覓的卻是溫州的身影。即便是文學創作，兩位作家（馬家輝、陳志堅）既生於斯長於斯，自然亦從香港出發，或在九龍碰上李小龍，或到上海尋覓魯迅。

倘若讀者覺得老師們的文筆太老氣橫秋，不妨來點「小清新」，讀讀城大本科生的文學創作——特別感謝潘步釗博士和陳志堅博士兩位中學校長為本系開設文學課程，給學生悉心指導，並多年擔任本系主辦的「城市文學獎」顧問和評判。二人合編《城市微縮》，收入本系和城大其他學系本科和碩士生的散文作品，他們對同學的讚許和鼓勵，想必比本校老師更為中肯。同時要感謝的，是本系同事范家偉，他編輯《鑽燧薪傳》，收入多年來碩博士在讀和畢業生的學術論文，邀請校外人士評審，敦促同學改進，一如既往地為學系的研究生教育嚴格把關。

同事們平日在辦公室大部分時間都埋首書齋，即便在走廊碰面，也只是匆匆點頭問好，隨即返回自己的天地，所謂君子之交是也。師生在課室相見，花開花落，又是一個畢業季，又是一個開學日，都未必記得彼此的名字。同事師生間的相識與相遇，儼如城市行人擦身而過，份屬隨緣。猶幸的是，「叢書」將接近五十位作者和編者通過文字和出版聯繫在一起，有史學有文學，由考古學到人類學，自戰國時代至二十一世紀，給讀者呈獻一趟歷經古今中外數十個城市的超時空之旅。各部作品體例不同，寫作風格有異，但都不會因為篇幅短小便顯得內容膚淺，而是盡量做到言之有物。讀者若能從叢書序號 1 讀起，一本一本讀到第 12 號，浸沉在昔日都城的繁華盛世，看到它們煙飛灰滅或今不如昔，則對自身有生之年所目睹的城市興衰，不會感到不解或感傷。最後讀到年輕人的寫作，聆聽他們對城市的觀察與隨想，理解他們在微縮的時空裏，如何把文字化作一道掌風，對抗遺忘，最終夢遊至那「不存在的城」，也許便是希望所在，亦算是我們出版本叢書的一個不經意的成果。

程美寶、陳學然 謹識

2024 年秋冬之際，深水埗與九龍塘之間

目錄

前　言

由唐玄宗李隆基所開創的開元、天寶盛世是中國歷史上的黃金時代，但對於古人而言，何謂「盛世」卻與今人的理解不同。今人往往強調玄宗在政治、軍事、經濟、外交等方面的成就，這固然是盛世的必要條件，但對古人來說，一個帝王之所以偉大，是因為他的政權受命於天。換句話說，只有得到天命的天子才能營造盛世。開元十三年（725），玄宗舉行最高等級的國家典禮封禪，他的宰相張說在《大唐祀封禪頌》裏面明確指出，玄宗是以「再受命」天子的身份「致太平」，所以才有封禪的資格，正是這個意思。

但是，天子受天命的依據是什麼呢？上天不會直接用語言文字來表明祂的旨意，但會降下一些非凡的現象來預示天命的出現，這便是符瑞。從現代科學的眼光來看，符瑞或許是迷信的產物，但對古人來說，符瑞的傳統根深蒂固，且確實對當時的政治產生重大的影響。那麼，我們就不能說這些符瑞是沒有意義的。符瑞在古代中國的政治場域中扮演相當重要的角色，甚至可以影響主政者的判斷與決策。

符瑞具有形象，它的出現也形成場景。符瑞和符瑞的場景或許有時效性，因為它可能只出現在某年某天的某一時刻，但因它與帝王天命密切關聯，所以往往便有文士以賦、頌或詩歌的形式紀錄它的形象與背景，從而揭示它的意義。符瑞因此被納入文本，形諸文字而傳世；而隨着時代的推進，不同文士因應不同的現實需求，又會重新詮釋符瑞，從而又產生新的文本，進而豐富符瑞的形象。當符瑞出現在城市的時候，也加入到城市景觀的塑造當中，形成城市的歷史記憶和景觀代表。文士對符瑞的詮釋與由符瑞所構成的城市景觀互為表裏，進一步豐富城市的歷史與文化。

唐玄宗時代也曾有過幾場聲勢浩大的符瑞詮釋活動，最重要的符瑞當屬長安興慶宮的龍池與潞州上黨的系列符瑞。這些符瑞都不是一開始便已定型，其形態、數量和意義都經過多番修正與發展，並由不同的文本揭示出來。這些文本本是為天人的政治觀念傳統服務，但它們也以文字的形式呈現符瑞的形象與場景，最終成為後人對盛唐的歷史記憶，並可能被地方志所吸收，成為地方名勝景觀的代表。我們在本書便以長安的龍池和潞州的十九道符瑞為中心，一起來看看以符瑞為中心的政治景觀是如何形成的吧！

上編

長安：唐玄宗的天命與龍池

龍池宮裏上皇時，羅衫寶帶香風吹。
滿朝豪士今已盡，欲話舊遊人不知。
白沙亭上逢吳叟，愛客脫衣且沽酒。
問之執戟亦先朝，零落艱難卻負樵。
親觀文物蒙雨露，見我昔年侍丹霄。
冬狩春祠無一事，歡遊洽宴多頒賜。
嘗陪月夕竹宮齋，每返溫泉灞陵醉。
星歲再周十二辰，爾來不語今為君。
盛時忽去良可恨，一生坎壈何足云。[1]

韋應物〈白沙亭逢吳叟歌〉

大曆五年（770）唐代詩人韋應物（735－790）

1 彭定球等編：《全唐詩》（北京：中華書局，1960 年），卷 195，頁 2004。

在揚州寫下這首〈白沙亭逢吳叟歌〉，此時距離唐玄宗統治的最後一年，也就是天寶十五年（756）已經過去十多年，經過安史之亂的打擊，開元、天寶的盛世早已結束。韋應物在白沙亭遇到玄宗朝的宮廷侍衛，懷想開元、天寶時期的輝煌，不禁對已經消逝的「盛時」有無限的悵惘。值得注意的是，根據這首詩，最能夠代表玄宗時代的輝煌的空間是龍池宮，它代表玄宗所開創的盛世。但是，長安並沒有以龍池宮為正式名稱的宮殿。龍池宮指的是玄宗登基之後才開始興建的興慶宮，它與玄宗即位之前就已經有的太極宮和大明宮並稱為唐代的三大內。

興慶宮之所以又被稱作龍池宮，是因為興慶宮的修築是為了紀念宮內的一潭池水，也就是龍池。興慶宮和龍池似乎是中唐以後的文人追憶開天盛世的重要空間，也就是說，它們是盛唐的標誌。杜甫（712－770）說：「自罷千秋節，頻傷八月來。先朝常宴會，壯觀已塵埃。鳳紀編生日，龍池塹劫灰。」[2]（〈千秋

2 杜甫著，仇兆鰲注：《杜詩詳注》（北京：中華書局，2015年），卷22，頁2422。

節有感，二首之一〉）千秋節說的是玄宗皇帝的生日，龍池所在的興慶宮則是玄宗朝舉辦宴會的空間；隨着玄宗時代的結束，昔日的盛大的宮宴活動已成往事，龍池亦隨之沒落，清代的仇兆鰲說「而龍池王氣，久已銷亡，不但壯觀塵埃也」。[3] 龍池代表的是玄宗的王氣，龍池不復壯觀，王氣也已經消散。戎昱〈秋望興慶宮〉亦是將興慶宮和龍池視為盛時歌舞遊巡的標誌性空間，他說：「先皇歌舞地，今日未遊巡。幽咽龍池水，淒涼御榻塵。隨風秋樹葉，對月老宮人。萬事如桑海，悲來欲慟神。」[4] 興慶宮本是玄宗歌舞之地，如今主人已去，惟有宮中的龍池水好似發出嗚咽的聲響，因為這裏久不舉行宴會，使得當年服務玄宗的御榻都已蒙灰，徒增淒涼之感。杜甫和戎昱都以興慶宮的龍池作為玄宗朝的盛時象徵，龍池是他們的盛唐記憶的重要組成。

那麼，龍池及龍池所在的興慶宮何以會是韋應物等人追懷盛時所依據的空間？它們對玄宗的意義是什

3　《杜詩詳注》，卷 22，頁 2422。
4　《全唐詩》，卷 270，頁 3013。

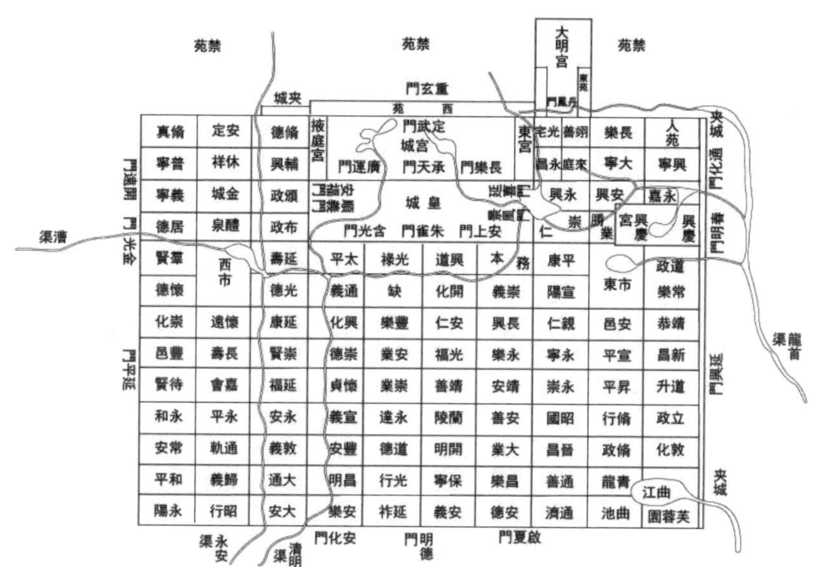

圖一：根據徐松《唐兩京城坊考》附「西京外郭城圖」重繪而成

麼？翻檢唐代史料，我們發現唐人將長安的龍池視為玄宗的天命符瑞，興慶宮實際上是為了彰顯玄宗的天命而建。而龍池之所以能夠被確認為符瑞，又是經過唐代文士的再三詮釋。龍池作為玄宗天命敘事的核心，在盛唐的政治敘事當中具有極為重要的地位。在盛世必有聖王，聖王必有符瑞的觀念下，長安的龍池景觀實也就是盛世的景觀。

第一節　天命與符瑞

在我們正式進入玄宗的符瑞故事之前，我們先認識一下古代的天命觀念，並簡單介紹玄宗以前的唐代皇帝是如何運用符瑞來證明其天命的。

在中國古代的政治傳統當中，天子必須獲得上天的認可才有政權的合法性。但上天不會訴諸語言文字，那就只能通過一些超自然的現象來表達他的旨意。漢代的董仲舒就曾說過「臣聞天之所大奉使之王者，必有非人力所能致而自至者，此受命之符也。」[5]

5　班固等著：《漢書》（北京：中華書局，1962 年），卷 56，頁 2500。

意思是說上天所承認的王者一定會有某種非人力所能造成，而是自然而至的現象出現，這就是符瑞。

儘管從現代的眼光來看，符瑞只是穿鑿附會，屬於迷信的表現，但在古代中國，它是政治文化的重要組成，也是帝王政權合法性的根基。事實上，符瑞在唐前的政治文化中已經形成相當重要的影響，周文王有赤雀銜書，周武王有白魚躍舟為徵，都被視為天命之符瑞。漢代的開國皇帝劉邦也有類似的感應故事，傳說劉邦崛起之前，有一天醉酒夜行，遇到前方有人折返，勸告他前面有大蛇當道，不要繼續前。劉邦不聽，遇蛇後拔劍斬之為二，後來者見到劉邦斬蛇處有一個老太太說「剛剛赤龍子經過，殺了白龍子。」老太太的話也被當成劉邦應天命的啟示，預告他將取代秦王所代表的白帝子，得到天下。

符瑞文化對唐代政治仍有強大的影響。圍繞唐代的開國皇帝李淵也有符瑞的故事，最著名的莫過於霍山神的預言：隋朝末年，李淵自太原起兵逐鹿天下，本欲沿汾水進入大興城，但兵行至雀鼠谷賈胡堡的時候卻遭遇大雨，再加上隋將宋老生駐守南方的霍邑，導致大軍無法前行。根據溫大雅《大唐創業起居注》

的記載，在唐軍危難之際，有白衣霍山神出現指路，最終使李淵成為雀鼠谷戰役的勝利者。此戰也奠定了李淵得天下的基礎。《大唐創業起居注》是這樣說的：

> 甲子（案，大業十三年七月），有白衣野老，自云霍太山遣來，詣帝請謁。帝弘達至理，不語神怪，逮乎佛道，亦以致疑，未之深信。門人不敢以聞，此老乃伺帝行營，路左拜見。帝戲謂之曰：「神本不測，卿何得見？卿非神類，豈共神言？」野老對曰：「某事山祠，山中聞語：『遣語大唐皇帝云：若往霍邑，宜東南傍山取路，八月初雨止，我當為帝破之，可為吾立祠廟也。』」帝試遣案行，傍山向霍邑，道路雖峻，兵枉行而城中不見。若取大路，去縣十里，城上人即遙見兵來。帝曰：「行逢滯雨，人多疲濕，甲仗非精，何可令人遠見？且欲用權譎，難為之巧，山神示吾此路，可謂指蹤。雨霽有征，吾從神也。然此神不欺趙襄子，亦應無負於孤。」顧

> 左右笑以為樂。[6]

李淵兵行遇雨，軍隊被困在賈胡堡。這時有白衣老人出現，聲稱要為霍山神傳達旨意：一是大軍如果要開往霍邑，應該取徑東南小路；二是預言秋霖會在八月初停止，屆時天候將不會再影響大軍的行動；三是霍山神將會幫助李淵取得勝利；四是事成之後李淵要立祠廟以酬謝霍山神的幫助。李淵按照老人指引的路線，選擇霍邑東南的傍山小路行軍，此路雖險，但卻可以避過霍邑的駐軍。困住李淵的霖雨，也如老人所說的停止了。又說：

> 丙寅，突厥始畢使達官、級失、特勤等先報，已遣兵馬上道，計日當至。帝曰：「地名賈胡，知胡將至。天其假吾此胡，以成王業也。」[7]

---

6 溫大雅撰，仇鹿鳴箋證：《大唐創業起居注箋證》（北京：中華書局，2022 年），卷 2，頁 78。

7 《大唐創業起居注箋證》，卷 2，頁 80。

李淵又在賈胡堡得到胡軍將來支援的好消息，在賈胡堡知胡似乎是上天有意的安排。這種巧合為李淵帶來強大的信心，認為就是上天要成就他的王業。霍山神指路的傳說是唐初開國神話的重要組成，也是李淵受命的核心元素。

武則天是中國史上唯一一位女皇，史書上說她特別喜歡用符瑞來證明自己天命所歸的身份，《舊唐書》說「則天初革命，尤好符瑞。」[8] 就是這個意思。有關武則天的符瑞故事得到很多的關注，垂拱四年（688）四月武承嗣就曾經迎合武則天的喜好，偽造瑞石，上刻「聖母臨人，永昌帝業。」[9] 然後讓雍州人唐同泰謊稱這塊石頭是從洛水獲得。則天收到報告之後果然很高興，將石頭命名為「寶圖」，並且授官唐同泰，是為游擊將軍。武則天自認得到天命，於是在當年五月給自己加尊號「聖母神皇」，七月進一步大赦天下。為了凸顯這塊瑞石的重要性，她又將石頭的名字從原

---

8 劉昫等著：《舊唐書》（北京：中華書局，1975 年），卷 70，頁 2539。

9 《舊唐書》，卷 6，頁 119。

先的「寶圖」改成「天授聖圖」，並且在號稱發現瑞石的洛水邊上新置永昌縣，最後天下大酺五日。因為這塊石頭的出現，王朝新設一個行政區；因瑞石而大赦天下，又會對社會產生連串的影響。由此，我們知道，無論符瑞是否迷信，但它確確實實地影響現實政治社會的運作，古代相信符瑞所代表的天命是實有其事的。

唐玄宗李隆基所開創的開元盛世被認為是中國史上的黃金時代，我們在評價玄宗成就的時候，往往是以現代的政治標準衡量，強調他在經濟、軍事、外交和文化上的貢獻，以符瑞為核心的天命論述則因為不符合現代政治的標準而被忽略。事實上，開元朝也有規模宏大的符瑞論述活動，長安城的興慶宮便是玄宗天命符瑞論述下的產物，它不僅是玄宗朝的政治核心空間，也是唐人心目中的盛世代表圖景。

第二節　玄宗朝的興慶宮

玄宗朝的長安城有所謂的三大內，分別是太極宮、大明宮和興慶宮。其中太極宮的建築格局沿襲隋代的大興城，唐高祖李淵代隋稱帝，便是在太極宮登基；大明宮的修築始於唐太宗李世民，成於高宗李治，是高宗、睿宗和武則天聽政的主要空間。興慶宮則與上述兩座宮殿群不同，它的原址是長安的隆慶坊，本來是玄宗和他的兄弟的府邸所在，時稱「五王子宅」。玄宗登基之後，始建興慶宮。玄宗為何要另起興慶宮呢？開元二十五年，玄宗自己對於興慶宮創制有過一段表述，大意是說自己繼承李唐王室的宮殿後，為了避免鋪張浪費，不敢再興土木；但興慶宮是個例外，它是在百官的要求下創制的，目的是為了表彰休徵嘉祥，也就是符瑞的意思：

> 我自奉先帝宮室，不敢有加。時時補葺，已愧於勞人矣。惟興慶創制，乃朝廷百辟卿士，以吾舊邸，因欲修建……亦所

以表休徵之地。[10]（《唐會要》卷三十）

他又重點說到興慶宮的兩座主要建築，也就是唐史上有名的勤政務本和花蕚相輝樓：

新作南樓，本欲察甿俗、採風謠，以防壅塞，是亦古闢四門達四聰之意。時有作樂宴慰，不徒然也。又因大哥讓朱邸，以成花蕚相輝之美，歷觀自古聖帝明王，有所興作，欲以助教化也。[11]（《唐會要》卷三十）

南樓就是勤政務本樓，根據楊維剛的研究，勤政務本來花蕚相輝本是一棟樓，樓的主體是花蕚相輝樓，但開元二十四年花蕚樓體擴建，「樓體由一座單體建築變成一座兩體相連或者組合式建築」，「勤政

10 王溥等著：《唐會要》（北京：中華書局，1960 年），卷 30，頁 558。

11 《唐會要》，卷 30，頁 558。

樓的牌匾置於樓體南面」。[12] 這兩座樓被賦予強烈的象徵意義，勤政樓的功能是觀風化俗，而明察四方政務，體察四方意見也正是勤政務本之義；花萼樓的原址是玄宗的大哥李憲的宅邸，玄宗繼統之後，李憲讓出舊邸給玄宗修築興慶宮。為了彰顯兄弟友愛之情，玄宗特以花萼相輝命樓，這個名字典出《詩經》:「常棣之華，鄂不韡韡。凡今之人，莫如兄弟。」也就是用花和花萼相互輝映的關係來比喻兄弟之情。在古代儒家的政治傳統當中，理想秩序的基礎在人倫，《尚書．堯典》描述帝堯所建立秩序，正是從天子到九族，推及百姓再到萬邦的和諧，「克明俊德，以親九族。九族既睦，平章百姓。百姓昭明，協和萬邦。黎民於變時雍。」[13] 花萼樓強調玄宗和兄弟的友愛，勤政樓突出天子對四方百姓的關懷，從這個意義上來說，興慶宮的兩大建築之命名已經揭示玄宗對於建立一套

12 楊志剛：〈建築．空間．書寫：唐興慶宮花萼相輝勤政務本樓研究〉，《中華文史論叢》，第 3 期（2015），頁 270。

13 孔穎達等著：《尚書正義》（北京：中華書局，1980 年影印阮元校刻本《十三經注疏》），卷 2，頁 6 下、頁 7 上、中（總頁 118－119）。

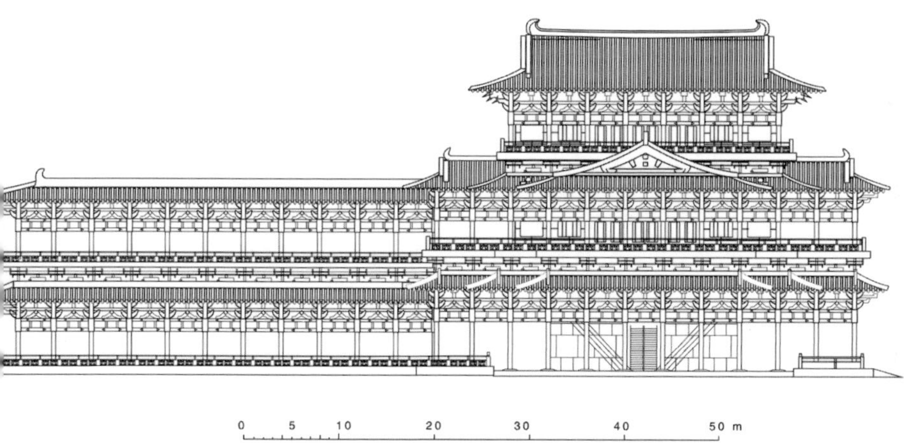

圖二：花萼相輝樓正面圖（基於竇培德，羅宏才〈唐興慶宮勤政務本樓花萼相輝樓復原初步研究（下）〉，《文博》，2006 年第 6 期花萼相輝樓復原圖描繪而成。）

理想秩序的追求。勤政務本和花萼相輝樓矗立在興慶宮的西南角，可謂長安城的地標式建築，長安城的居民不能隨意進出宮殿，但卻能在宮牆外仰望建築並習得建築命名的意義，正是玄宗政治宣傳的絕佳途徑。從這個意義來説，勤政務本與花萼相輝樓是沒有文字的王權紀念碑，也是長安城的重要景觀。

興慶宮在開元十六年之後取代大明宮成為玄宗聽政的主要空間，同時也是玄宗朝舉行各種儀式的重要場所。根據《舊唐書》記載，玄宗的生日被定為千秋節，他曾多次在花萼樓和勤政樓舉行慶祝活動，宴饗百官，也曾在此地舉行朝賀、獻俘、科舉等活動，可謂是玄宗朝權力展示的重要空間。但我們要強調的是，無論是花萼樓或是勤政樓的出現，其源頭都來自於表休徵，也就是因符瑞的出現而出現。天命的確立與玄宗政權的展演密切相關。

第三節　龍池的歷史

興慶宮所表的「休徵」究竟是什麼呢？那就是龍池。陝西西安的碑林博物館藏有一塊興慶宮刻石，是北宋元豐三年（1080）呂大防命劉景陽等製作，於 1934 年出土。從這塊碑石我們可見興慶宮的基本結構。

從石刻的內容來看，興慶宮被分為南北兩個部分，前面提到的勤政務本和花萼相輝樓位於宮殿的西南角，但南面佔地面積最大的還是一汪水池，也就是代表休徵的龍池。龍池東岸還有一座涼亭，這個亭子在唐代文學史上頗具聲名，因為大詩人李白曾為楊貴妃作〈清平調詞〉，有詩曰：「名花傾國兩相歡，長得君王帶笑看。解釋春風無限恨，沈香亭北倚闌干。」龍池也是玄宗與楊貴妃宴遊的場所。

龍池在玄宗登基之前就已經形成，何以會成為玄宗天命的證據？這就涉及一系列符瑞的論證過程，但在我們介紹這個過程之前，我們先來看看龍池在與玄宗政權聯繫之前，它是如何登上歷史的舞台的。

長安的龍池並不是一開始就被認定為玄宗的天命符瑞，也不是一開始就被命名為「龍池」。它的前身叫「興慶池」，再前身是「隆慶池」，得名於其所在的里坊名「隆慶坊」。隆慶池的水也有來歷，它本來無水，只是一塊平地，最早是因為下雨積水，又經唐人引渠水灌之而成水域。有關龍池的記載，今存最早的文獻當屬武平一的《景龍文館記》，他說：「興慶池在隆慶坊，本是平地，垂拱後因雨水流潦成小池，近五王宅，號為五王子池。後因分龍首渠水灌之，日以滋廣。」[14] 之所以稱興慶池是後來為了避玄宗李隆基的名諱才改，池水的原名應當為「隆慶池」才是。今存張說的集子中有〈侍宴隆慶池〉可證。根據武平一的記載，隆慶坊本來沒有水池，只是地勢較為低窪，之所以變成水池是因為下雨積水。這個小水池的位置靠近玄宗和他的兄弟的宅邸，也就是五王宅，所以又名為五王子池。唐人其後又因池水地勢而引入龍首渠的渠水，至此水池的範圍才逐漸擴大，最終形成一片

14 武平一撰，陶敏輯校：《景龍文館記．集賢注記》（北京：中華書局，2015 年），卷 3，頁 141，「四月十四日幸隆慶池觀競渡應制」條。

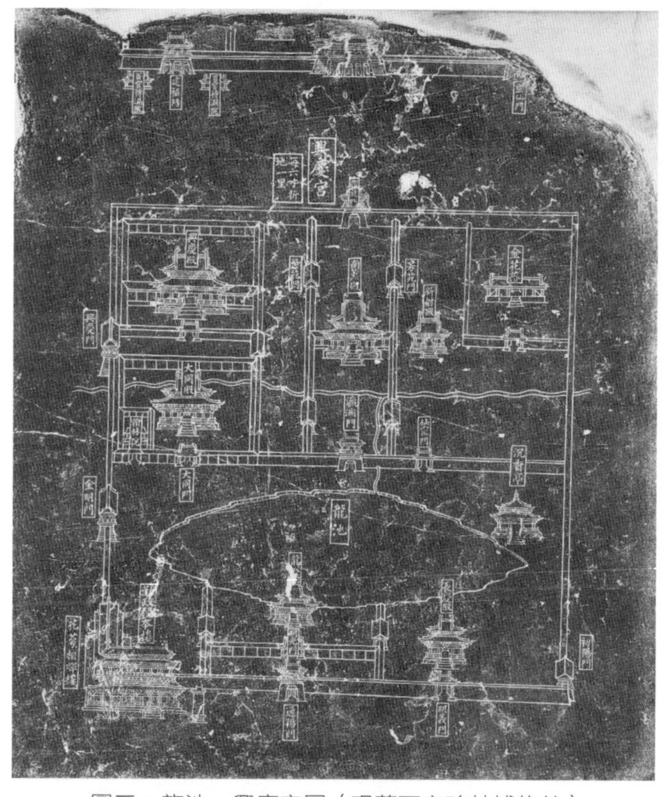

圖三：龍池、興慶宮圖（現藏西安碑林博物館）

興慶宮
每六寸折地一里
躍龍門
興慶殿
麗苑門
南薰殿
芳苑門
新射殿
金花落
興慶門
大同殿
瀛洲門
仙靈門
沈香亭
大同門
金明門
龍池
龍堂
勤政務本樓
花萼相輝樓
明光門
興慶殿
初陽門
通陽門
明義門

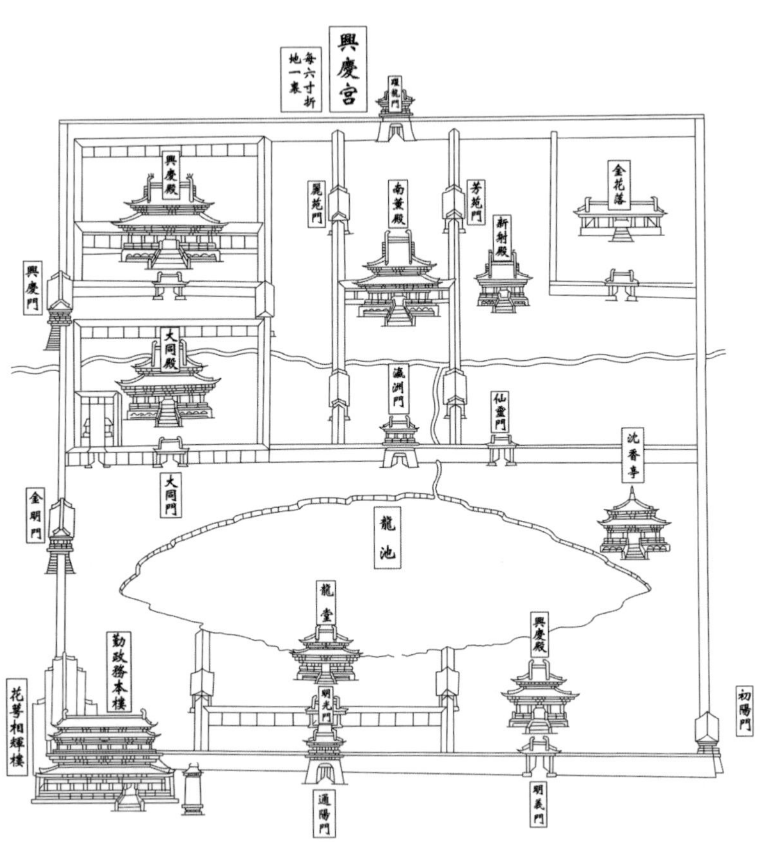

圖四：龍池、興慶宮圖

規模宏大的水域。據此，隆慶池的形成完全是自然降雨加上人工引渠的結果，其間並沒有任何神秘的色彩。

但是，武平一的《景龍文館記》對於龍池的形成還有另一種說法是帶有神秘色彩的，那就是湧井說：

> 興慶池者，長安城東隅形勢之地也，中多王侯第宅。天后初，有居人王純，掘地獲黃金百斤致富。官司聞之，密加搜獲，純懼，投於井中，縣官窺之，見雙赤蛇，仰首張吻，遂不敢入。純以此金當為己，復入井取之，還見赤蛇，赫然蟠屈，純懼而出。其夜井水湧溢，漸成此池，可廣百餘頃。[15]

意思是説興慶池（當時應該叫隆慶池）位於長安王侯宅邸的聚集處，天后初年，長安城的居民王純在這個地方挖到百斤的黃金，一下暴富，但卻引來官府

15 《景龍文館記．集賢注記》，卷 3，頁 141。

的注意，前來搜查。王純感到害怕，於是就將挖到的黃金投入井中隱藏。縣官據報前來窺視水井，卻看到井中有兩條赤蛇作出攻擊的姿態。縣官感到恐懼，所以便沒有入井探查。王純知道後，認為黃金是上天賜給自己的，便再次來到井中，想要取回黃金，但也遇到盤踞在井中的赤蛇。王純感到害怕，便匆匆離開水井。當夜，奇怪的事情發生了，這口井中的水忽然湧出，並逐漸漫過井沿，最終形成水池，且水域竟可達到百餘頃。這個水池便是隆慶池了。根據這個故事，隆慶池的形成是有神異色彩的，但它的敘事與王者無關，仍未與天命符瑞相聯繫起來。

隆慶池的神異何以會與玄宗的天命關聯起來？最直接的原因自然是因為水池所在位置接近玄宗登基以前的宅邸。但是，正如武平一所說，居住在此的王公貴族眾多，「中多王侯第宅」，玄宗的兄弟也居住在此，隆慶池何以偏偏就和玄宗聯繫呢？首先，池水所在的隆慶坊與玄宗李隆基的名諱相符，《舊唐書・玄宗本紀》說玄宗即位之前的府邸在隆慶里，當時有人將「隆」誤認為「龍」，而「隆」與玄宗名同，「龍」則是天子的象徵，諧音的巧合成為玄宗的政治籌碼，也強化了他的信心：「上所居里名隆慶，時人語訛以『隆』為『龍』……上益自負。」[16] 第二，在隆慶池的神異敘事當中出現了黃金的元素，而玄宗的誕辰是八月，對應五行中的位置，本命正是金。以上這些因素為池水和玄宗的聯繫建立基礎。

景龍四年，玄宗從潞州返長安，當時韋皇后掌握朝政，有意效法武則天故事。玄宗有見於此，便發動政變，誅除韋皇后黨人的勢力，匡扶李唐政權。玄宗在中宗暴斃之後擁戴他的父親為新帝，是為唐睿宗，但睿宗只在位一年便將皇位內禪給真正在政變中佔主導地位的玄宗。換言之，玄宗是因為消滅韋后勢力，匡扶李唐王室的事功才獲得王位。但是，玄宗並不是睿宗的嫡長子，因此在他即位之後，便迫切地想要建立自己政權的合法性；而對古人來說，最不可動搖的合法性來源就是天命，於是一場以龍池為中心的，聲勢浩大的符瑞論述活動開始了。

16 《舊唐書》，卷 8，頁 166。

第四節　龍池符瑞的疊加

龍池原稱隆慶池，後為避玄宗李隆基諱改名興慶池。龍池得名，是因為這裏被認定為是玄宗的天命符瑞所在，是玄宗龍飛的象徵。但是，作為符瑞的龍池，它的型態也曾有過重大的變化。

龍池既與龍相關，似乎暗示池水中存在「龍」這種神秘的生物，但事實上，在最早的龍池敘事當中並沒有龍的元素，只有對天子氣的闡釋。龍池被坐實為有龍，是後來的事情。我們先來看看龍池的最初型態。從今存史籍記載，興慶池最晚在開元二年（714）已經改稱龍池，《唐會要》載：「開元二年閏二月詔，令祠龍池。」可以證明。玄宗之所以要祠龍池是因為這方池水已經被認定為是他的天命符瑞。那麼，這個時期的龍池符瑞的內容是什麼呢？根據玄宗〈答宋王成器等上表以興慶舊里宅為宮制〉所稱，其實就是將池面上的水氣詮釋為天子氣：

> 朕昔與弟兄，聯居藩邸，虔奉聖訓，

> 遂膺昌期。嘗思鄠杜之遊，頗有芒碭之氣。王等固陳符瑞，取則不遠。[17]

宋王李成器所固陳的符瑞是所謂「芒碭之氣」，屬於雲氣瑞的一種。雲氣瑞之所以與王者的天命有關，是因為在符瑞的歷史傳統當中，漢高祖劉邦就曾以雲氣為瑞，芒碭之氣正是典出劉邦的故事。根據《史記・高祖本紀》的記載：

> 秦始皇帝常曰「東南有天子氣」，於是因東游以厭之。高祖即自疑，亡匿，隱於芒、碭山澤巖石之間。呂后與人俱求，常得之。高祖怪問之。呂后曰：「季所居上常有雲氣，故從往常得季。」高祖心喜。沛中子弟或聞之，多欲附者矣。[18]

---

17 董誥等編：《全唐文》（北京：中華書局，1983 年），卷 21，頁 243 上。

18 《史記》，卷 8，頁 348。

秦始皇時期有人在東南方觀測到天子氣，始皇擔心自己的皇權受到威脅，所以東巡試圖壓制這道天子之氣。劉邦知道後便以為始皇說的是自己，所以便隱匿在芒、碭山的山林水澤之間以躲避始皇的探查。然而，他的妻子呂雉卻每每都能找到他，劉邦問她原因，呂雉回答這是因為劉邦上方常有雲氣，只要跟着雲氣走，便能找到劉邦。劉邦聽了之後心裏很高興，更加確認傳言中的東南天子氣說的就是自己。沛中的子弟知道此事後，也認為劉邦的身份不凡，於是都依附於他了。

玄宗君臣將龍池之上水氣類比劉邦芒碭山之雲氣，後者為天子之氣，前者便成為帝王受命的證明，龍池正式成瑞。除了劉邦故事的沿襲之外，雲氣也是唐太宗李世民受命的重要元素，其模式與龍池雲氣瑞的型態更為接近。《冊府元龜》記載了這個故事：

> （太宗）所居弘義宮中有一大池，嘗作佳氣，鬱然高數百尺，太宗心獨異之。至（武德）九年（626），其氣轉盛，上屬於

天。六月癸未，克定內難，立為皇太子。[19]

弘義宮是唐太宗李世民為秦王的時候所居住的宮殿，宮中有一個大水池，水面上也常有佳氣，且範圍廣大，這讓李世民感覺到水氣的特殊，似乎預示着什麼。至武德九年玄武門事變後，李世民的勢力大定，水池上的佳氣忽然轉盛，直達上天，李世民也迎來命運的重大轉折，被立為皇太子。池上佳氣似乎與李世民的天命相關，佳氣轉盛預示他皇太子的身份變化。太宗李世民在登基之前得到弘義宮水池佳氣的啟示，是其天命論述的重要組成，佳氣實即就是天子氣；玄宗繼統之前也有舊邸水池的佳氣應之，而當玄宗擁有與太宗類似的符瑞，便可借符瑞的關聯敘事，證成玄宗繼統太宗，具有天命的正當性了。

由此，我們知道開元二年有關龍池的符瑞論述已經涵蓋兩條線索，一是有關池水形成的神異敘事，也就是湧泉說；二是在此基礎上疊加的天命論述，那就

---

19 王欽若等編，《冊府元龜》（北京：中華書局，1960 年影印明崇禎 15 年刊本），卷 21，頁 226 下。

是水池上的天子氣。從湧泉和天子氣的角度理解龍池的符瑞身份一直延續到開元十六年，玄宗〈營興慶宮德音〉回顧龍池符瑞曰：「朕昔在藩國，此維邸第。……則有神物效靈，祥符肇貺。飛嘉氣於在田之際，湧瑞池於或躍之時。」[20] 龍池的神物和祥符指的是「嘉氣」和「湧池」。換言之，一直到開元十六年為止，龍池符瑞的內容仍是湧泉的神異和可以關聯劉邦及李世民的天子氣。

但是，到開元十八年（730）的時候，龍作為古代傳說中的生物出現了，根據《唐會要》的記載：「十八年十二月二十九日，有龍見於興慶池。」到開元二十三年（735）張九齡為龍池寫作〈龍池聖德頌〉的時候，這條龍被認定為是一條黃龍，他說「蜿蜿黃龍，神池自出。」那黃龍又是從哪裏來的呢？首先是我們前面已經說過的，《景龍文館記》記載武則天時期的傳說，隆慶池是因井水湧出而成池，而井中曾發現赤蛇。蛇和龍本是相關的動物，但將赤色改成黃色，又進一步合乎唐王朝在五行中的地位，也就是尚

20 《全唐文》，卷 37，頁 408 下。

黃色的土德。同時，早在龍池加入黃龍元素之前，唐人已經意識到黃龍對於玄宗天命敘事的重要性。上黨是玄宗龍潛時的任所，景龍二到四年期間，他在此地任潞州別駕，傳說此地曾出現連串的神秘現象，都被詮釋為玄宗將得天命的依據。開元十一年（723），張說就這一系列符瑞作頌，即是〈上黨舊宮述聖頌〉，其中便包含黃龍的元素，說「黃龍晝見，攀天而上，九五象兮。」黃龍在玄宗的天命故事中有重要的地位，我們會在下一章說這個故事。長安龍池黃龍元素的出現，或也是受到上黨符瑞的啟發。最遲在開元二十三年後，龍池的符瑞元素基本定型。開元二十六年（738）《唐六典》成書，李林甫（683－752）注對「龍池」的符瑞敘事有全面的揭示，可視為玄宗在長安的天命故事的總結。他說：

> 初，上居此第，其里名協聖諱，所居宅之東有舊井，忽湧為小池，周袤才數尺，常有雲氣，或見黃龍出其中。至景龍中，潛復出水，其沼浸廣，時即連合為一，未半歲而里中人悉移居，遂鴻洞為龍

池焉。蓋符命之先也。[21]

最初的時候，龍池所在的隆慶里和玄宗李隆基的名諱相協，都有「隆」字，而且「隆」和代表天子的「龍」諧音；後來玄宗在登基之前所居住的宅邸的舊井忽然湧出泉水，最終積水成為一個小池子，本只有數尺的面積，但上方常有雲氣繚繞，並有黃龍在其中出沒。到了景龍年間，池裏的黃龍再次出水，水域也隨之擴大，原本居住其中的長安里人民只好全部移居他處，水域也進一步擴大，最後形成龍池。根據李林甫的說法，龍池符瑞實包含里名和御名諧音、湧泉、雲氣和黃龍四個部分。考察史料，這四個元素是在不同的歷史時期形成，最終疊加整合為一套完整的符瑞故事。

21 李林甫等撰，陳仲夫點校：《唐六典》（北京：中華書局，2019年），卷7，頁219。

第五節　作為城市景觀的龍池

一、唐中宗與景龍文館學士

隆慶池或稱興慶池與龍池是盛唐王室遊宴的重要空間，隨着池水身份的變化，對於水池的書寫也發生改變，造就獨特的城市景觀。

在玄宗政權確立之前，隆慶池作為王室的遊宴之地已經登上文學史的舞台。中宗皇帝李顯是玄宗的伯父，他在唐史上曾兩次執政，一共在位五年半。中宗第一次登基受限於武則天的權力，第二次登基又偏信韋皇后黨人，故在李唐的帝王譜系當中，聲名不顯。但是，中宗是一位雅好文藝的皇帝，他的「景龍文館」是當時文化的核心機構，景龍文館學士則是當時最重要的宮廷文士群體。中宗每有遊宴便會命學士作詩歌詠，張說稱中宗景龍年間與從臣遊幸宮觀山水，每每都有君臣唱和之作留下，便是對中宗朝文學活動的最好概括：「中宗景龍之際，……每豫游宮觀，行幸河山，白雲起而帝歌，翠華飛而臣賦，雅頌之盛，與三代同風。」[22]（〈中宗上官昭容集序〉）這些作品不但展示君臣和樂的關係，透過文字展現的風景亦形塑長安的城市尤其是宮苑的景觀。其中，作為龍池前身的隆慶池便是中宗遊宴的重要空間。

景龍四年四月，中宗率群臣在隆慶池遊宴，後又幸禮部尚書竇希玠宅，《舊唐書》的記載是「乙未，幸隆慶池，結綵為樓，宴侍臣，泛舟戲樂，因幸禮部尚書竇希宅。」[23] 可知此次遊宴是包括隆慶池泛舟活動的。在隆慶池遊宴之時，景龍文館學士有詩應制，今存十一首。這十一首當中，張説詩題〈侍宴隆慶池應制〉，餘十首則題〈興慶池侍宴應制〉，按照時代順序來説，稱隆慶池在前，興慶池在後，隆慶是為了避玄宗諱才改稱興慶。因此中宗時期，此池應當稱作隆慶池，興慶是根據後來的歷史才改的。

從這十一首宮宴應制詩我們可以看到中宗時期的隆慶池景觀。參與這次應制詩集體創作的學士包括蘇

---

22 張説注，熊飛校注：《張説集校注》（北京：中華書局，2013年），卷28，頁1318。

23 《舊唐書》，卷7，頁149。

瓌、韋元旦、劉憲、蘇頲、李乂、馬懷素、沈佺期、武甄、徐洪、李適和張説。此時的隆慶池尚未被認定為帝王符瑞，詩歌表達的更多是承平之時，君臣宴樂的日常，十一首應制詩如下：

	作者	作品
1	徐彥伯	夾道傳呼翊翠虯，天回日轉御芳洲。青潭曉靄籠仙蹕，紅嶼晴花隔彩旒。香溢金杯環廣坐，聲傳妓舸匝中流。羣臣相慶嘉魚樂，共哂橫汾歌吹秋。[24]
2	李適	拂露金輿丹旆轉，凌晨黼帳碧池開。南山倒影從雲落，北澗搖光寫溜回。急槳爭標排荇度，輕帆截浦觸荷來。橫汾宴鎬歡無極，歌舞年年聖壽杯。[25]
3	武平一	鑾輿羽駕直城隈，帳殿旌門此地開。皎潔靈潭圖日月，參差畫舸結樓臺。波搖岸影隨橈轉，風送荷香逐酒來。願奉聖情歡不極，長游雲漢幾昭回。[26]
4	劉憲	蒼龍闕下天泉池，軒駕來游簫管吹。緣堤夏筱縈不散，冒水新荷卷復披。帳殿疑從畫裏出，樓船直在鏡中移。自然東海神仙處，何用西昆轍跡疲。[27]

24 《全唐詩》，卷 76，頁 826。

25 《全唐詩》，卷 70，頁 778。

26 《全唐詩》，卷 102，頁 1085。

27 《全唐詩》，卷 71，頁 781－782。

（續上表）

	作者	作品
5	蘇頲	降鶴池前回步輦，棲鸞樹杪出行宮。山光積翠遙疑逼，水態含青近若空。直視天河垂象外，俯窺京室畫圖中。皇歡未使恩波極，日暮樓船更起風。[28]
6	沈佺期	碧水澄潭映遠空，紫雲香駕御微風。漢家城闕疑天上，秦地山川似鏡中。向浦回舟萍已綠，分林蔽殿槿初紅。古來徒羨橫汾賞，今日宸遊聖藻雄。[29]
7	韋元旦	滄池漭沆帝城邊，殊勝昆明鑿漢年。夾岸旌旗疏輦道，中流簫鼓振樓船。雲峯四起迎宸幄，水樹千重入御筵。宴樂已深魚藻詠，承恩更欲奏甘泉。[30]
8	李乂	神池泛濫水盈科，仙蹕紆徐步輦過。縱棹洄沿萍溜合，開軒眺賞麥風和。潭魚在藻供游詠，谷鳥含櫻入賦歌。寄語乘槎溟海客，回頭來此問天河。[31]
9	張説	靈池月滿直城隈，黻帳天臨御路開。東沼初陽疑吐出，南山曉翠若浮來。魚龍百戲紛容與，梟鷁雙舟較泝洄。願似金堤青草馥，長承瑤水白雲杯。[32]

28 《全唐詩》，卷 73，頁 805。

29 《全唐詩》，卷 96，頁 1042。

30 《全唐詩》，卷 69，頁 773－774。

31 《全唐詩》，卷 92，頁 998。

32 《全唐詩》，卷 87，頁 960－961。

（續上表）

	作者	作品
10	馬懷素	積水逶迤繞直城，含虛皎鏡有餘清。圖雲曲榭連緹幕，映日中塘間彩旌。賞洽猶聞簫管沸，歡留更睹木蘭輕。無勞海上尋仙客，即此蓬萊在帝京。[33]
11	蘇瓌	金闕平明宿霧收，瑤池式宴俯清流。瑞鳳飛來隨帝輦，祥魚出戲躍王舟。帷齊綠樹當筵密，蓋轉緗荷接岸浮。如臨竊比微臣懼，若濟叨陪聖主遊。[34]

因為是陪幸隆慶池，所以詩歌往往涉及中宗儀駕的描寫，徐彥伯言「仙蹕」，李適「金輿」，武平一「鑾輿羽駕」，沈佺期「紫雲香駕」，韋元旦「夾岸旌旗」，張說「黻帳天臨」等，都是從不同角度呈現帝王儀仗隊的排場，有意營造皇家宴會金碧輝煌，彷若處於天上宮闕的景觀。當這些作品流傳出去後，也就形塑了王都長安的宮廷形象。以仙境比擬皇家也是這類宮廷應制詩的常見手法，景龍文館學士對於隆慶池宴會的描寫也是如此。武平一說「願奉聖情歡不極，長游雲漢幾昭回」，雲漢就是天河，意思是說隆慶池

33 《全唐詩》，卷 93，頁 1010。

34 《全唐詩》，卷 46，頁 562。

的宴會所帶來的歡樂無限，就好像是身處天上的銀河，讓人忘卻星辰的流轉，也就是忘記時間一般。

為了展現皇家宴會的高貴脫俗，諸學士對隆慶池宴會場面的描寫背後往往可見神仙傳說的典故。中國古代有兩大神仙空間，一是東海蓬萊仙島，二是西方的崑崙山，劉憲援引東西兩處仙境的傳說，他稱「自然東海神仙處，何用西昆轍跡疲」，是說身處隆慶池就像是在東海的蓬萊仙島一樣，不需要再駕車西行，尋找西邊的崑崙仙境了。因為隆慶池屬於水的空間，所以突出的是東海的神仙傳說。這層意思也被馬懷素所用，但他說的是「無勞海上尋仙客，即此蓬萊在帝京。」不用前往東海找尋傳說中的仙島，帝京長安的隆慶池就是蓬萊仙境，他是以天上的神仙世界來呈現人間的宮廷宴會。李乂則引入另一條神仙傳說，傳說海的盡頭與天河相通，所以人可以乘船遊天河。《博物志》卷三記載有人乘浮槎入天河，遇到織女和牛郎星事。原文如下：

> 舊說云天河與海通。近世有人居海渚者，年年八月有浮槎，去來不失期。人有

> 奇志，立飛閣於查上，多齎糧，乘槎而去。十餘日中，猶觀星月日辰，自後芒芒忽忽，亦不覺晝夜。去十餘日，奄至一處，有城郭狀，屋舍甚嚴，遙望宮中多織婦。見一丈夫，牽牛渚次飲之。牽牛人乃驚問曰：「何由至此？」此人具說來意，並問此是何處。答曰：「君還至蜀郡，訪嚴君平，則知之。」竟不上岸，因還如期。後至蜀問君平，曰：「某年月日，有客星犯牽牛宿。」計年月，正是此人到天河時也。[35]

大意是說傳說海的盡頭與銀河相通，住在海邊的人，每年八月都會看到海岸有木筏漂浮過來，從不失期。有個人為了探求傳說的真假，就在木筏上造了有屋頂的飛閣，準備大量的糧食，然後下海找尋天河。他在海上航行十多天之後，忽然來到一處有城廓屋舍的地方，遠遠看見其中有很多女性在織布。又見一男子在牽牛喝水，男子看到這個人非常驚訝，就問他是

35 張華：《博物志》（北京：中華書局，1985年），卷3，頁19。

如何來到此處的？那人説明原委之後問牛郎此地是何處？牛郎讓他去蜀地問嚴君平即知。乘浮槎者最終沒有上岸，而是如期回到故鄉。後來，他果真來到蜀地問嚴君平，君平告訴他在某年某月夜觀天象，發現有客星犯牽牛星，而計算時日，正是這位乘浮槎的人航行到天河的時候。李乂正是在這個故事的背景地下描寫帝王盛會，他説「寄語乘槎溟海客，回頭來此問天河。」意思是説告訴那位乘浮槎的人不用再入海尋天河了，隆慶池就是天河之所在。景龍文館學士在神仙故事的脈絡下呈現帝王宴會。

歷史典故也是構造宮宴圖景的重要方式。隆慶池侍宴突出君臣的倫理關係，最常見的手法便是在歷史明君和名臣的脈絡下言説此意。徐彥伯説：「羣臣相慶嘉魚樂，共哂橫汾歌吹秋。」嘉魚出自《詩經・南有嘉魚》，本來就是頌讚君臣宴樂的詩，〈小序〉説這首詩「樂與賢也。太平之君子至誠，樂與賢者共之也。」[36] 也就是説在太平的時代，君主和賢者共同宴

36 毛亨傳，鄭玄箋，孔穎達疏：《毛詩正義》（北京：中華書局，2009 年），卷 10，頁 896 上。

樂，所以宴樂就有君主樂賢的象徵意義。徐彥伯化用〈嘉魚〉的典故，既符合隆慶池宴會的場景，又突出君臣相得的政治意義。下句「橫汾」則出自漢武帝的典故。根據《漢武故事》，武帝巡幸河東之後曾與諸臣在樓船上舉行宴會，並作〈秋風辭〉詩，「上幸河東，欣言中流，與羣臣飲宴。顧視帝京，乃自作〈秋風辭〉曰：『泛樓船兮汾河，橫中流兮揚素波。簫鼓吹兮發棹歌，極歡樂兮哀情多。』」[37] 君臣宴飲和水上的場景恰符合中宗與大臣詠詩的宴會實際。漢武帝的故事也受到其他學士的青睞，沈佺期在中宗朝已是著名的詩人，他說「古來徒羨橫汾賞，今日宸遊聖藻雄。」即是將唐中宗與漢武帝的水上宴飲活動相提並論。李適也選擇了漢武帝橫汾的故事，「橫汾宴鎬歡無極，歌舞年年聖壽杯。」但「宴鎬」則出自《詩．小雅．魚藻》，《詩》曰「王在在鎬，豈樂飲酒。」鄭玄箋：「天下平安，萬物得其性。武王何所

37 郭茂倩：《樂府詩集》（北京：中華書局，1979 年），卷 84，頁 1180。

處乎？處於鎬京，樂八音之樂，與羣臣飲酒而已。」[38]意思是說這首詩寫的是周武王在天下太平之後，在首都鎬京與眾大臣宴飲作樂。李適用〈魚藻〉的典故敍事既符合中宗的宴諸臣的場景，也暗讚中宗朝的政治表現。韋元旦同樣用了〈魚藻〉典故，他說：「宴樂已深魚藻詠，承恩更欲奏甘泉。」由以上的詩句可知，景龍文館學士不約而同地在《詩經》和漢武的脈絡底下詮釋隆慶池的宴會，他們透過詩歌，引導讀者從特定的角度去理解中宗的這場遊宴活動。隆慶池的宴會在他們的詮釋下，被疊加於周武王和漢武帝宴會的歷史圖景，從而也呈現人文的景觀。

宮廷應制詩也涉及自然景觀的描寫。在古代的觀念裏面，宇宙是由陰陽二氣的變化所形成的，在此觀念下，自然的秩序與人間的秩序相對應，當人間的政治和諧，陰陽協調，自然就會呈現美好的樣貌；當政治失序，陰陽失調，那自然界就會產生災害，古人將此視為「災異」。中宗皇帝召集大臣遊幸隆慶池，就君臣的一面來說，展現和睦的政治關係；就宴會一面

38 《毛詩正義》，卷 15，頁 1049 上。

而言，正是因為時局穩定，朝廷才有餘力舉辦活動。因此，美好的自然景觀正是理想的政治狀態的映射。在徐彥伯的描寫當中：「青潭曉靄籠仙蹕，紅嶼晴花隔彩旒。香溢金杯環廣坐，聲傳妓舸匝中流。」清潭和紅嶼形成山水的秩序，香溢聲傳則兼及嗅覺和聽覺的感受。李適「南山倒影從雲落，北澗搖光寫溜回」以南山北澗的對比呈現宮苑中的山水秩序；武平一「波搖岸影隨橈轉，風送荷香逐酒來」兼寫視覺和嗅覺，都可見詩人對美好的自然秩序的呈現。蘇珽和沈佺期則將這種秩序拓展到感官之外的想像世界，前者說：「山光積翠遙疑逼，水態含青近若空。直視天河垂象外，俯窺京室畫圖中。」山光水態自是宮苑所見的自然秩序，但下聯的天河京室則超出宮苑的範圍，本是肉眼所不能全見的圖景，卻被蘇珽以文字攝入游宴應制詩當中，展現超越實際宴會空間的天地秩序。沈佺期也是如此：「漢家城闕疑天上，秦地山川似鏡中。向浦回舟萍已綠，分林蔽殿槿初紅。」下聯浦、舟、萍的水上景觀和林、殿、槿的陸上景觀對應成序，這固然是隆慶池活動所見，但漢家城闕和秦地山川卻不是一場宴會所能涵蓋的空間。城闕和山川是人文和自然景觀的代表而被攝入隆慶池的倒影之中，亦呈現和諧的天人秩序。宮宴應制詩的描寫往往涉及物色的展示，在天人的觀念傳統下，美好而有序的景物正是理想政治的投射。

景龍文館學士筆下的隆慶池雖然與符瑞無關，但他們的詩歌詮釋隆慶池宴樂的政治意義。皇家不同凡俗的排場與君臣相樂的歷史傳統相結合；同時，在古代天人相通的觀念下，美好的宮苑景觀也是理想政治在大自然的體現，代表王朝的繁榮發展。景龍文館學士對隆慶池的書寫無論在人文、自然或政治的層面上都塑造了長安的特殊景觀。

二、唐玄宗與龍池

玄宗登基之後，龍池作為玄宗天命符瑞的身份確立。但要確認龍池就是玄宗的天命依據，仍需諸臣以文字詮釋其意涵。開元二年，右拾遺蔡孚發起一場規模盛大的集體創作活動，目的正是在於證成龍池的符瑞地位。《唐會要》卷 22「龍池壇」條下載：

（開元二年）六月四日，右拾遺蔡孚獻

> 《龍池篇》，集王公卿士以下一百三十篇。太常寺考其詞合音律者，為龍池篇樂章，共錄十首。[39]

是說開元二年六月，共有朝臣一百三十人為龍池作詩，共計一百三十首，又由右拾遺蔡孚將這些作品編輯成《龍池篇》獻給玄宗。太常寺從中挑選十首和音律的作品，為它們配上音樂，這便是〈龍池樂章〉了。收錄一百三十首的《龍池篇》今已失傳，我們只能想像這是一場極具規模的集體創作，作者涵蓋當時的朝廷要員；但十首的〈龍池樂章〉保留下來了，我們幸運地可以從中觀察這場活動意義。這十首詩如下：

作者	官職	作品
姚崇	紫微令（中書令）正二品	恭聞帝裏生靈沼，應報明君鼎業新。既協翠泉光寶命，還符白水出真人。此時舜海潛龍躍，此地堯河帶馬巡。獨有前池一小雁，叨承舊惠入天津。[40]

39 《唐會要》，卷 22，頁 433。

40 《全唐詩》，卷 64，頁 749。

（續上表）

作者	官職	作品
蔡孚	左拾遺 從八品上	帝宅王家大道邊，神馬龍龜湧聖泉。昔日昔時經此地，看來看去漸成川。歌臺舞榭宜正月，柳岸梅洲勝往年。莫言波上春雲少，祇為從龍直上天。[41]
沈佺期	太府少卿 從四品	龍池躍龍龍已飛，龍德先天天不違。池開天漢分黃道，龍向天門入紫微。邸第樓臺多氣色，君王鳧雁有光輝。為報寰中百川水，來朝此地莫東歸。[42]
盧懷慎	黃門侍郎 正四品上	代邸東南龍躍泉，清漪碧浪遠浮天。樓臺影就波中出，日月光疑鏡裏懸。雁沼回流成舜海，龜書薦祉應堯年。大川既濟慚為楫，報德空思奉細涓。[43]
姜皎	殿中監 從三品	龍池初出此龍山，常經此地謁龍顏。日日芙蓉生夏水，年年楊柳變春灣。堯壇寶匣餘煙霧，舜海漁舟尚往還。願似飄颻五雲影，從來從去九天間。[44]
崔日用	吏部尚書 正三品	龍興白水漢興符，聖主時乘運斗樞。岸上豐茸五花樹，波中的皪千金珠。操環昔聞迎夏啟，發匣先來瑞有虞。風色雲光隨隱見，赤雲神化象江湖。[45]

41 《全唐詩》，卷 75，頁 817。

42 《全唐詩》，卷 96，頁 1041－1042。

43 《全唐詩》，卷 104，頁 1098。

44 《全唐詩》，卷 75，頁 816。

45 《全唐詩》，卷 46，頁 559。

（續上表）

作者	官職	作品
蘇頲	紫微侍郎 正三品	西京鳳邸躍龍泉，佳氣休光鎮在天。軒後霧圖今已得，秦王水劍昔常傳。恩魚不似昆明釣，瑞鶴長如太液仙。願侍巡遊同舊里，更聞簫鼓濟樓船。[46]
李乂	黃門侍郎 正四品上	星分邑里四人居，水洊源流萬頃餘。魏國君王稱象處，晉家藩邸化龍初。青蒲暫似游梁馬，綠藻還疑宴鎬魚。自有神靈滋液地，年年雲物史官書。[47]
薑晞	工部侍郎 正四品下	靈沼縈回邸第前，浴日涵天寫曙天。始見龍臺升鳳闕，應如霄漢起神泉。石匱渚傍還啟聖，桃李初生更有仙。欲化帝圖從此受，正同河變一千年。[48]
裴漼	兵部郎中 從五品上	乾坤啟聖吐龍泉，泉水年年勝一年。始看魚躍方成海，即睹龍飛利在天。洲渚遙將銀漢接，樓臺直與紫微連。休氣榮光常不散，懸知此地是神仙。[49]

這十首詩的作者官職以正二品的中書令姚崇最高，然後是正三品的紫微侍郎蘇頲，依次往下，均為中階以上的官員。其中只有蔡孚時任左拾遺（《會

46 《全唐詩》，卷 73，頁 805。

47 《全唐詩》，卷 92，頁 998。

48 《全唐詩》，卷 75，頁 816。

49 《全唐詩》，卷 108，頁 1115－1116。

要》稱右拾遺），雖是從八品，但卻是「近侍之最」[50]，負責「掌供奉諷諫，大事廷議，小則上封事」[51]，亦是帝國重要官職；加上蔡孚是獻《龍池集》者，其詩作被選入樂章，也是情理之中。除了蔡孚以外，其餘作者的官職亦各具代表性。姚崇所任的中書令「掌佐天子執大政，而總判省事」[52]、沈佺期是太府少卿，他的工作包括「凡四方貢賦、百官俸秩，謹其出納。賦物任土所出，定精粗之差，祭祀幣帛皆供焉」[53]、黃門侍郎李乂承擔的任務是「凡政之弛張，事之與奪，皆參議焉。若大祭祀，則從升壇以陪禮……」[54]、殿中監姜皎「監掌天子服御之事」[55]、崔日用是吏部尚書，他的職責是「掌文選、勳封、考課之政」[56]、再比如工部侍郎姜晞「掌城池土木之工役程式」[57]、兵部郎中裴

50 《舊唐書》，卷 43，頁 1823。
51 《新唐書》，卷 47，頁 1207。
52 《新唐書》，卷 47，頁 1210。
53 《新唐書》，卷 48，頁 1263。
54 《舊唐書》，卷 43，頁 1843。
55 《新唐書》，卷 47，頁 1217。
56 《新唐書》，卷 46，頁 1186。
57 《新唐書》，卷 46，頁 1201。

濯「判簿及軍戎調遣之名數」[58]，這些作者的政治身份可以說是涵蓋帝國運作的各種層面，這就不同於中宗朝〈興慶池侍宴應制詩〉的作者身份。後者均為景龍修文館學士，屬於皇帝的文學侍從；〈龍池樂章〉作者的政治身份體現新朝的規模，對開元二年的玄宗新朝來說，本身極具政治象徵意義。儘管《唐會要》記載這十首龍池詩之所以被選入〈龍池樂章〉是因為作品本身合音律，但若考慮作者品秩與職掌的分佈，他們對新朝的象徵意義當也是其作品入選的重要因素。

十首〈龍池樂章〉是為了玄宗所建立的新朝服務，它們的敘事策略也有別於服務於帝王宴飲的侍宴應制之作，因而使龍池呈現出有別於前朝的景觀。〈龍池樂章〉的創作目的是在揭示玄宗的符瑞意涵，正如《舊唐書．音樂志》所說的，「玄宗正位，以坊為宮，池水逾大，瀰漫數里，為此樂以歌其祥也。」[59]歌其祥正是這些詩歌的目的所在。因此，這些作品大多不在拘限於眼前景，而是把龍池帶入符瑞的歷史敘

58 《新唐書》，卷46，貞1196。

59 《舊唐書》（北京：中華書局，1973年），卷29，頁1062。

事當中，使之成為符瑞譜系的一部分，從而證成玄宗的天命依據。我們可以地位最高的姚崇詩為例子，他首先說：「恭聞帝里生靈沼，應報明君鼎業新。」意思是說聽聞玄宗故里也就是隆慶坊出現了神秘的水池，這應當是上天想要昭告世人，新明君的帝業要開始了，這是對龍池意義的總括。那麼龍池是如何進入符瑞的譜系的呢？一個常見的手法就是將他與歷史上曾經存在的符瑞類比，姚崇說：「既協翠泉光寶命，還符白水出真人。」這一聯涉及兩個符命的典故，且都和水相關。「翠泉」就是翠媯之泉，翠媯是水的名字。傳說黃帝就是在翠媯之泉得到受命的圖籙，《藝文類聚》卷十一引《河圖挺佐輔》記載這樣一段故事：

> 〔黃帝〕乃召天老而問焉：「余夢見兩龍，挺白圖，以授余於河之都。」天老曰：「河出龍圖，雒出龜書……天其授帝圖乎？」黃帝乃祓齋七日，至於翠媯之川。大鱸魚折溜而至，乃與天老迎之。五色畢具。魚汎白圖，蘭葉朱文，以授黃帝，名

曰録圖。[60]

大意是說黃帝有一天夢到兩條龍授白圖給他，於是便請教長老這個夢的涵義。長老告訴黃帝河圖洛書的傳說，也就是黃河出現龍馬，將背着的圖獻給伏羲；洛水浮現神龜，將背負的書交給大禹。伏羲和大禹都是上古聖王，他們所受的河圖和洛書因此被認為是上天降下的符命。長老認為黃帝的夢正是一種預告，預示上天也要降下符命給黃帝。黃帝聽了之後特意齋戒七日以表誠心。後到了翠嬀這個地方，果然有大鱸魚獻圖文給黃帝，黃帝將它命名為録圖，恰是他受命的依據。因此，我們便明白姚崇的意思了。他用與水相關的符瑞將黃帝和玄宗的受命關連起來，用翠泉比擬龍池，龍池因黃帝的故實而獲得符瑞的身份，玄宗也因此加入受命聖王的系譜當中。「白水真人」則涉及東漢光武帝的受命故事。王莽竄漢之後，厭惡漢朝的國姓劉，而「錢」字又是由金和刀組成，與

60 歐陽詢編：《藝文類聚》（上海：上海古籍出版社，1999 年），卷 11，頁 209。

「劉」字的組成有共同處。因此，王莽就將錢改稱貨泉，而貨泉又可以被拆分成白水真人四字。有意思的是，光武帝劉秀的故宅南二里就有一條白水，所以白水真人就被認為是一種啟示，預告劉秀將會得天命。這個故事可以見於《後漢書‧光武本紀》：

> 及王莽篡位，忌惡劉氏，以錢文有金刀，故改為貨泉。或以貨泉字文為「白水真人」。後望氣者蘇伯阿為王莽使至南陽，遙望見舂陵郭，唶曰：「氣佳哉！鬱鬱葱葱然。」及始起兵還舂陵，遠望舍南，火光赫然屬天，有頃不見。初，道士西門君惠、李守等亦云劉秀當為天子。其王者受命，信有符乎？不然，何以能乘時龍而御天哉！[61]

《後漢書》李賢（655－684）注解釋張衡〈東京賦〉「龍飛白水」的意思便指出白水的地理位置：「光武舊

61 《後漢書》，卷 1 下，頁 86。

宅在今隨州棗陽縣東南。宅南二里有白水焉，即張衡所謂『龍飛白水』也」[62]。除了白水真人的符讖外，本紀的記載還涉及天子氣的傳說。王莽的使者蘇伯阿懂得望氣，他出使到劉秀所在的南陽的時候發現那裏被濃厚的佳氣所籠罩，時人將這些神秘的現象都當作劉秀受命的根據。劉秀的受命故事是唐代文士所熟知的故實，而正如我們前面說到的，玄宗的龍池不只是水瑞，其成瑞的要素也包含天子氣，透過和劉秀故事的連結，龍池的身份得到確認。同時，姚崇將黃帝和光武帝的符瑞並列還有另一層的意思，那就是受命與再受命。天子必須受命才能獲得政權的正當性，但玄宗這位真命天子的地位又有一點特殊。玄宗並不是李唐的開國皇帝，他的皇位是通過父親內禪而來，所以在唐人的論述當中，玄宗也被視為一位「再受命」的皇帝。帝王「受命」的意思在黃帝受符籙的故事中呈現，「再受命」的意思則見於光武帝劉秀的記載，因為劉秀被視為漢朝的再受命者。本聯上句言玄宗「受命」，下句則明其「再受命」的身份。玄宗兼具受命

62 《後漢書》，卷1上，頁35。

與再受命的身份，因此是「既協」、「還符」。

三聯「此時舜海潛龍躍，此地堯河帶馬巡」則以堯舜的故事敘事。上句「舜海潛龍」結合《史記．五帝本紀》及《河圖》二典。前者謂「舜耕歷山，漁雷澤」，是說舜在發跡之前曾在歷山耕作，在雷澤捕魚，因為是尚未發跡之前的事，所以說是「潛龍」。後者云：「舜以太尉即位，與三公臨觀，黃龍五彩，負圖出置舜前。」[63] 舜以太尉的身份即位，有一天和三公到了河邊，出現一條黃龍背負圖籙，放在舜的前面，因為是黃龍負圖而出，所以說是「龍躍」。下句「堯河帶馬」也是類似的故事，《尚書．中候》記載帝堯即位時的異象：「帝堯即政，榮光出河，休氣四塞，龍馬銜甲，赤文綠色。」[64] 帝堯即位的時候出現神秘的光，嘉祥的氣，還有龍馬銜符籙而出，似乎都代表上天對堯政權的肯定。這一聯藉由堯舜的受命故事揭示玄宗此時是從龍潛到龍躍之時，此地是玄宗即政受

---

63 安居香山、中村璋八輯：《重修緯書集成》（東京：明德出版社，1971－1992 年），卷 6，頁 137。

64 《重修緯書集成》，卷 2，頁 76。

命之地，正因為「龍池」在玄宗受禪之前即有異象，故能將堯舜的典故均收納其中，而以玄宗比堯舜。尾聯「獨有前池一小雁，叨承舊惠入天津」則寄託姚崇身為人臣對玄宗這位天命聖王的期待。他以「雁」自比，表達自己待盛時而舉，奉人君之事的期待。姚崇的第一首詩作為總論，將「龍池」與符瑞傳統和帝王天子的受命史相結合，突出「龍池」作為玄宗再受命之符徵。儘管姚崇的敘事似乎脱離了龍池的實地景觀，而是穿梭在歷代天子的天命故實之間以證成玄宗的身份。但是，這些故事往往涉及場景或特定的形象，從這個角度來説，姚崇筆下的龍池是諸多歷史場景的疊加結果，龍池在這套敘事策略中呈現豐富的文化景觀。

以符瑞的典故呈現龍池的圖景是十首〈龍池樂章〉的基本敘事策略。崔日用是正三品的吏部尚書，他的詩一開頭説：「龍興白水漢興符，聖主時乘運斗樞。」龍興白水就是上文漢光武帝劉秀的受命傳説，下句「斗樞」指的是北斗星，因為《論語．為政》有「為政以德，譬如北辰，居其所眾星共之」的説法，運斗樞便有天子執政的意思。首聯確定龍池的符命地位，之後則引入有關龍和水的各種故實以豐富其內涵。第二聯「岸上豐茸五花樹，波中的皪千金珠」便涉及有關龍的傳說。上句「五花樹」典出《括地圖》稱距離會稽四千里的山上有一面積七百里的龍池，池中有龍群棲息。龍池岸邊又有許多五花樹，群龍常食之。原文如下：「龍池之山，四方高，中央有池，方七百里，群龍居之。多五花樹，群龍食之。去會稽四千里。」[65] 崔日用認為玄宗在長安的龍池岸邊所樹的植物就好比典籍中的五花樹，都帶有與龍相關的神秘色彩。「千金珠」出自莊子「夫千金之珠，必在九重之淵，驪龍頷下，子能得珠者，遭其睡也。」[66] 意思是說千金之珠藏在九重深淵的黑龍頷下，如果要得到珠子的話，一定要趁黑龍熟睡的時候才有機會。這兩個典故雖然和符瑞無關，但卻深化「龍」池的意涵。三聯又援引上古帝王典故，詩云：「操環昔聞迎夏啟，發匣先來瑞有虞。」上句傳說夏啟在大運山北

65 李昉：《太平御覽》（北京：中華書局，1960 年），「鱗介部一」「龍上」，頁 4131 下。

66 《太平御覽》「珍寶部二」，「珠下」，頁 3564 下。

面的大樂之野乘龍觀看九代樂舞，出自《山海經．海外西經》：「大樂之野，夏后啟於此儛九代，乘兩龍，雲蓋三層，左手操翳，右手操環，佩玉璜，在大運山北」[67]；下句則使用和姚崇一樣的典故，那就是《河圖》：「舜以太尉即位，與三公臨觀。黃龍五彩，負圖出置舜前，以黃玉為柙，白玉檢、黃金繩，黃芝為泥，章曰：『黃帝符璽』」[68]。只是姚崇引用是舜漁於大澤之事，崔日用言舜受命之後，以黃玉金繩保存符籙的事情，但都敘舜受命的過程。末聯又回到龍池景觀的呈現，「風色雲光隨隱見，赤雲神化象江湖。」其中赤雲又暗合帝堯符瑞，《史記索引》稱「如堯時有赤雲之祥之類。」[69]

盧懷慎是正四品上的黃門侍郎，他對龍池的歌詠基本也延續上述的模式。首聯引入的是漢文帝的故事，他說：「代邸東南龍躍泉，清漪碧浪遠浮天」據《史記．孝文本紀》：「孝文皇帝，高祖中子也。高祖

67 郝懿行：《山海經箋疏》（北京：中華書局，2019 年），卷 7，頁 246－247。

68 《太平御覽》「鱗介部一」，「龍上」，頁 4128 上。

69 《史記》，卷 1，頁 6。

十一年春，已破陳豨軍，定代地，立為代王。」[70] 漢文帝登基前封代王，故所居處則稱「代邸」。那麼，唐玄宗和漢文帝有什麼共通處呢？這是因為玄宗曾經面臨的政治難題與漢文帝有相似處。西漢有呂后黨人為亂，危及劉氏政權；玄宗即位之前也面臨中宗韋皇后窺朝的危機。玄宗之所以可以繼統，正是因為他有匡扶宗室的功勞。《孝文本紀》說：「諸呂呂產等欲為亂，以危劉氏，大臣共誅之，謀召立代王。」[71] 盧懷慎以漢文比玄宗，代邸指的便是玄宗在長安隆慶坊的舊居，這裏湧出泉水，形成龍池，且水域日廣。次聯描繪水中倒影：「樓臺影就波中出，日月光疑鏡裏懸。」上句固是興慶宮中的自然場景，但下句所言日月在傳統觀念中是帝王的象徵，龍池攝入日月，代表的自然是天命帝王的氣勢。因此，第三聯轉入堯舜聖王的故事脈絡：「雁沼回流成舜海，龜書薦祉應堯年」，雁沼本是梁孝王兔園中的雁池，《西京雜記》：「梁孝王

70 《史記》，卷 10，頁 413。

71 《史記》，卷 10，頁 413。

好營宮室苑囿之樂，……又有雁池。」[72] 但因玄宗的天命，雁池變成舜海，也就接上舜漁於雷澤的故事；下句堯年云云則再次引用帝堯即位的瑞象，前文已經說過。

從以上例子可以知道〈龍池樂章〉諸作者的基本敘事策略是將池水置於帝王水瑞的傳統當中，確認龍池的天命意義。與中宗朝隆慶池的侍宴詩不同，景龍文館學士着力於宮苑山水的與宴會場景的刻劃，透過自然與政治秩序的對應展現盛世的園林風景；龍池詩的作者的目的在於延續帝王天命的譜系，他們穿梭於典籍故實之間，藉由典故的場景形成知識的圖景。龍池在此實際上是無數歷史場景的疊加，形成從屬於天命傳統的文化風景。

龍池符瑞的地位確認之後反過來改寫中宗朝的歷史。景龍四年中宗與群臣在隆慶池的那場遊宴活動在玄宗龍池的祥瑞敘事中有了新的解釋：中宗發現隆慶池有天子氣，並認為它會威脅自己，所以要鎮壓之。

---

72 葛洪撰，周天游校注：《西京雜記》（西安：三秦出版社，2006年），卷2，頁114。

《唐會要》記載：

> 興慶宮：開元二年七月二十九日。以興慶里舊邸為興慶宮。初，上在藩邸，與宋王等同居於興慶里，時人號曰五王子宅。至景龍末，宅內有龍池湧出，日以浸廣。望氣者云，有天子氣。中宗數行其地，命泛舟，以駝象踏氣以厭之。至是為宮焉。[73]

這條記載是從玄宗朝追溯中宗朝的事情，但用駱駝大象來壓制天子氣的意思並未見於中宗朝的史料。又從上述隆慶池應制諸詩來看，詩歌的內容也看不出有厭氣的緊張感，依然呈現君臣相得之樂。我們由此推斷，中宗厭氣的歷史是在龍池確認成瑞之後才被改寫的。

73 《唐會要》，卷 30，頁 558。

三、從黃龍到玉龍

隨着龍池符瑞元素的拓展，龍池中的黃龍便成玄宗政權的象徵。天寶十四載，安史之亂爆發，玄宗率領朝臣宮人倉皇入蜀，傳説龍池內的神龍也隨之離開長安。《宣室志》記載這樣一個故事：

> 唐玄宗嘗潛龍於興慶宮，及即位，其興慶池嘗有一小龍出遊宮外御溝水中，奇狀蜿蜒，負騰逸之狀。宮嬪內豎，靡不具瞻。後玄宗幸蜀，鑾輿將發，前一夕，其龍自池中御素雲，躍然亙空，望西南而去。環列之士，率共觀之。及上行至嘉陵江，乘舟將渡，見小龍翼舟而進。侍臣咸睹之。上泫然泣下，顧謂左右曰：「此吾興慶池中龍也。」命以酒沃酹，上親自祝之。龍乃自水中振鬣而去。[74]

---

74 李昉：《太平廣記》，卷四百二十「龍三」，頁 1898。

這段記載前半說玄宗即位的時候，興慶池也就是龍池曾經出現一條小龍在宮苑的水溝中遊玩，宮內之人都曾見證。後來安史之亂爆發，玄宗決定前往四川避難，就在出發前一天，這條小龍忽然從池水中飛騰而出，奔向西南，也就是蜀地的方向。當玄宗一行來到嘉陵江的時候，這條小龍再次出現，伴隨在玄宗所搭乘的舟船旁邊。玄宗看到這個場景悲從中來，告訴隨從這就是他在興慶池中的小龍，於是便以酒祭祀之。祭祀結束後，這條龍便從嘉陵江的江水中飛走了。這個故事似乎是在告訴我們，興慶池也就是龍池中的這條龍就像是玄宗天命的化身，他在太平的時代安處於興慶宮的龍池，在玄宗遭難的時候又出宮伴隨左右。但這個故事的最後，龍離開了玄宗，似乎也暗示玄宗天命已經結束。事實上，玄宗也確實在亂中被迫禪位給他的兒子肅宗，成為沒有實權的太上皇。

或許是因為龍這種生物只存在神話當中，為了證明玄宗得龍的真實性，《宣室志》要不斷以旁人來見證龍的真實性，曰「宮嬪內豎，靡不具瞻」，「環列之士，率共觀之」，「侍臣咸睹之」。但在《明皇雜錄》的記載中，龍池的龍實是龍形玉雕：

唐天后嘗召諸皇孫坐於殿上，觀其嬉戲，取西國所貢玉環釧盃盤列於前後，縱令爭取，以觀其志。莫不奔競，厚有所獲，獨玄宗端坐，略不為動。后大奇之，撫其背曰：「此兒當為太平天子。」遂命取玉龍子以賜。玉龍子，太宗於晉陽宮得之，文德皇后常置之衣箱中。及大帝載誕之三日後，以珠絡衣褓並玉龍子賜焉。其後常藏之內府，雖其廣不數寸，而溫潤精巧，非人間所有。及玄宗即位，每京師愆雨，必虔誠祈禱，將有霖注，逼而視之，若奮鱗鬣。開元中，三輔大旱，玄宗復祈禱，而涉旬無雨。帝密投南內之龍池，俄而雲物暴起，風雨隨作。及幸西蜀，車駕次渭水，將渡，駐蹕於水濱，左右侍御，或有臨流濯弄者，於沙中得之。上聞驚喜，視之泫然流泣曰：「此吾昔時所寶玉龍子也。」自此每夜中光彩輝燭一室。上既還京，為小黃門攘竊以遺李輔國，李輔國常置於櫃中。輔國將敗，夜聞櫃中有聲，開視之，已亡其所。[75]

武則天有次召集皇孫到宮殿來，觀看他們嬉戲。她取出西國所進貢的金銀珠寶玉石，讓諸皇孫爭取，然後想從中看出他們的心志。這些皇孫爭相奪取寶物，只有玄宗不為所動。武則天很是驚奇，摸着他的背說這孩子將來應該可以成為致太平的天子，於是取出玉龍子賜給玄宗。玉龍子是唐太宗在太原晉陽宮所得的寶物，他的皇后將玉龍子保存在衣箱之中，直至高宗李治誕生三日後，文德皇后才將玉龍子以及一些珠寶衣物送給高宗。這個玉龍子的尺寸雖小，但玉質精美，不像是人間所有之物。

繼承玉龍子的玄宗即位之後，每逢長安降雨，就會虔誠地向玉龍祝禱。在長安快降雨的時候觀察玉龍，牠的鱗片和鬣毛似乎還會震動。開元年間三輔曾有大旱，玄宗數日祈禱都不見降雨，他只好偷偷地將

75　王仁裕等撰，丁如明點校：《開元天寶遺事》（外七種）（上海：上海古籍出版社，2012 年），頁 42。

玉龍子投入到興慶宮的龍池，一下子便風雲暴起，降下大雨。玄宗在安史亂中奔逃入蜀，車駕來到渭水河畔，準備渡河之際，他的侍從在水邊的沙石中再次發現玉龍子。玄宗得知後大為驚喜，將它保存在室內。每到夜晚，玉龍便會發出螢光照亮房室。

安史亂後，玄宗回到長安，但已失去政治權力，他所寶愛的玉龍也被宦官偷走，送給大太監李輔國。李輔國將玉龍保存在櫃子當中，當他要失勢之際，聽到櫃中有聲響，打開一看，玉龍已經不知所蹤。

在這個版本的故事中，神話中的生物龍被玉雕的龍所取代，它之所以成為玄宗天命的依據，在於它是由太宗在李唐發家的晉陽宮所發現，然後傳給高宗，再傳給玄宗，這似乎暗示得到玉龍的玄宗是受到高祖以下的皇帝祖先的肯定的。玉龍本應在被投入興慶池的時候消失，但因為玄宗的帝業尚未結束，所以它又重新出現。等到玄宗徹底失勢，玉龍也隨之離開。

玉龍子的傳說在中晚唐應有相當的影響，《全唐詩》題名為天寶時人，但實際應該更晚的〈玉龍子詩〉便是將玉龍與玄宗的政權結合：「聖運潛符瑞玉龍，自興雲雨更無蹤。不如渭水沙中得，爭保鑾輿復九重。」[76] 玉龍子也構成晚唐詩人陸龜蒙對開元盛世的歷史記憶，他的〈開元雜題七首・玉龍子〉說：「何代奇工碾玉英，細髯纖角盡雕成。煙乾霧悄君心苦，風雨長隨一擲聲。」[77] 所敘正是玄宗投龍祈雨的場景。

玄宗朝之後，興慶宮的龍池是文士追想玄宗朝的依據，本文一開始所提到的幾首詩，包括杜甫、韋應物和戎昱等人，都在懷想盛唐輝煌的同時，對失去主人的龍池有無限的感慨。晚唐李商隱還有一首〈龍池〉詩，在這首詩裏，玄宗不但失去天命聖王的光輝形象，還受到詩人含蓄的批評，他說：「龍池賜酒敞雲屏，羯鼓聲高眾樂停。夜半讌歸宮漏永，薛王沉醉壽王醒。」[78] 這首詩描寫玄宗在龍池池畔的一次宴會。皇家宴會的豪奢自不待言，有美酒和玄宗喜歡的羯鼓，而用來隔開空間的雲屏已經敞開，也就是說參加宴會的人是可以看到玄宗宮內的嬪妃的。參加此次宴會的還有玄宗的侄子薛王李瑁和兒子壽王李瑁，但

76 《全唐詩》，卷 784，頁 8847。

77 《全唐詩》，卷 629，頁 7225。

78 劉學楷，余恕誠：《李商隱詩歌集解》（北京：中華書局，2004 年），頁 1684。

他們在通霄的歡宴中卻呈現不同的反應，薛王早已喝得酩酊大醉，壽王卻保持清醒。這是為什麼呢？熟悉唐史的人都知道，玄宗所寵愛的楊貴妃本是壽王妃，卻被玄宗所奪。在龍池池畔的宴會當中，壽王沒有屏風的阻隔，一眼看到陪駕在父親左右的貴妃，又怎能再繼續享受宴會呢？南宋陳模《懷古錄》就說：「此詩若止詠宮中燕樂而已，而譏訶明皇父子間傷敗人倫者，意已溢於言外矣。蓋貴妃即壽王之妃，明皇奪之。當其內宴，見其父與妃子作樂之時，其飲酒必不能醉，歸而獨醒，聞宮漏之永，壽王無聊之意當如何也。」[79] 直指這首詩是在譏諷玄宗敗壞人倫。龍池本是見證玄宗天命的神聖空間，在玄宗退出歷史舞台，李唐國勢走下坡之際，龍池在李商隱筆下，又成為見證皇室醜聞的場所。

四、作為公共園林的興慶池

天祐元年（904）唐昭宗被迫遷都洛陽，長安城被毀，興慶宮也隨之化為廢墟，曾經見證盛唐輝煌或

79 《李商隱詩歌集解》，頁 1686。

者本身就代表盛唐的花萼相輝與勤政務本樓只剩下斷井殘垣。但是龍池卻獨存於廢棄的宮殿之間。拋開唐人為了證成玄宗天命所賦與龍池的神秘傳說，龍池本是因為井水湧出，再加上唐人引入龍首渠才形成的水域。一當渠道淤塞，龍池也就失去水源，逐漸乾涸。元人駱天驤的《類編長安志》引《新說》記載唐玄宗之後的龍池命運：

〔龍首渠〕一名滻水渠。……五季後渠涸。宋大中祥符七年（1014）九月九日，龍圖直學士尚書工部郎中知永興府事陳堯咨奏引龍渠水入城。勑堯咨：「省所奏『永興軍城井泉太半鹹苦，居民不堪食，州臣親相度城東二里有水渠曰龍首，其水清泠甘冽，可五六十人，開渠引注入城，散流廛閈，出納城濠，闔城盡食甘水，皆感聖恩』事，具悉。卿幹用適時，精心率職，方類於藩之任，尤賢治劇之才……矧龍首之清渠，實唐京兆之舊跡，克修廢墜，

深副倚毗。……」[80]

歷經唐末五代的戰亂，作為龍池池水來源的龍首渠乾涸，要到北宋真宗祥符年間，陳堯諮奏請引水入城來解決永興城井泉鹹苦的問題，渠道清淤的計劃才重新納入朝廷的考慮。陳堯諮引渠水入城的目的是要解決民生用水的問題，但一當渠水復通，龍池再次被注入渠水，便又逐漸形成規模。宋真宗同意陳堯諮要求的同時，已經明確指出龍首渠是唐代的遺蹟，修復渠水的功能也是修復遺跡，而受惠於渠水的疏通，作為唐代長安景觀代表的龍池也恢復了生機，只是它不再被稱作龍池，而是改回興慶池的舊稱了。

因此，我們可以看到在宋仁宗慶曆二年（1042）的上巳節，興慶池於玄宗朝後再次迎來一場集體創作的活動。時任永興軍府事的范雍等十八人，仿效王羲之蘭亭修禊，在興慶池畔宴樂酬唱，共賦詩十九首，且有太常博士、通判軍府事張子定作詩序。元至元

80 駱天驤撰，黃永年點校：《類編長安志》（北京：中華書局，1990年），卷6，頁190－191。

十三年（1276），京兆府重修宣聖廟，將張子定的序和范雍等人的詩刻在石碑上，這塊石碑今天還藏於陝西的碑林博物館，碑額作〈上巳日興慶池禊宴詩〉。張子定的序說：

> ……時維暮春，日乃元巳。祓於南國，想像蘭亭之遊；出其東門，依稀曲水之會。興慶池者，開元之故邸也。躍鱗巨沼，蹴象回淵。壯麗盡於本朝，梗概盈乎一水。前頤華萼，夾右青門。光靈僅存，今昔相視。大尹資政，稽遵時憲，敦講民熙，駕言出遊，仍故不改。由是都人仕女，袨服而嘯儔；駟牡鸞旂，供帳而臨禊。賓罍有醳，燕坐無嘩……自餘賓僚，咸有篇唱，無慮十九首，莫不天機銜巧，月脅矜新，揄揚大國之風，歌詠我公之美……。[81]

81　王昶：《金石萃編》（西安：陝西人民美術出版社，1990 年），卷 133，頁 1143 上。

序文提到興慶池本是開元皇帝的故邸，但過去的繁華只能從遺存下的一方水池想見其梗概了。而今逢三月三日的上巳節，都人仕女都外出踏青，長官范雍也在興慶池畔舉行宴會，與僚友同樂。為了紀念此次讌集，與會者無不作詩歌詠佳節佳事，而范雍為政之美，也在這些詠歌中被呈現出來了。從《金石萃編》收錄的序文和詩作，我們可以知道參與是次上巳節禊宴的十八人的身份以及他們所作的詩如下：

	作者及職稱	詩名	原文
1	范雍 資政殿大學士尚書左丞知永興軍府事	上巳日興慶池禊宴	興慶春深樂禊辰，清歡雅唱奉良賓。韶光綺麗新經雨，詩句風流妙入神。冠蓋紛紛紅杏徑，歌鐘隱隱淥池濱。閫台將漕皆時傑，共泰常安萬井人。[82]
2	張奎 陝西都轉運使尚書刑部員外郎充天章閣待制	興慶池禊宴	公餘連騎賞芳妍，柳重花明祓禊天。絲竹繞堤浮舴艋，綺羅照水戲鞦韆。回頭景物才三月，屈指光陰又一年。台旆行春暫均逸，鳳凰池暖正思賢。[83]

82 王昶輯：《金石萃編》（北京：中國書店，1985 年），卷 133，頁 215 下。

83 《金石萃編》，卷 133，頁 215 下。

（續上表）

	作者及職稱	詩名	原文
3	劉渙 陝西轉運副使尚書刑部員外郎直昭文館	興慶池禊宴	清明佳節屬良辰，行樂東郊宴席賓。風柳不勝春氣力，露花無奈曉精神。管絲遠近青堤上，樓閣高低淥水濱。多少艤舟何所用，府公便是濟川人。[84]
4	張子定 太常博士通判軍府事	興慶池禊宴	月標元巳樂嘉辰，興慶煙波漲曉津。宴集幸聯台衮坐，風流仍繼禊堂春。蘭亭事古成遺跡，華蕚樓空委路塵。歌吹滿舡花夾岸，酒簾無處不留人。[85]
5	張掞 秘書丞通判軍府事	興慶池禊宴	霽景東郊道，風光北斗城。中樞詹舊德，上巳燕群英。鏤管詩情逸，彫觴禊事成。樓臺動波色，鼓吹逐春聲。繡蕚林花密，芳茵岸草平。願公均愷樂，函夏福黎氓。[86]
6	王揚庭 秘書丞通判隴州軍州事	興慶池禊宴	宗臣上巳宴東池，雅俗嘉賓盛集時。禊席臨川花照耀，游車分路水逶迤。賞心唯欲居民樂，縱飲猶虞坐客疲。獨願我公歸柄用，盡令天下洽春熙。[87]

84 《金石萃編》，卷 133，頁 215 下，頁 216 上。

85 《金石萃編》，卷 133，頁 216 上。

86 《金石萃編》，卷 133，頁 216 上。

87 《金石萃編》，卷 133，頁 216 上。

（續上表）

	作者及職稱	詩名	原文
7	李諷 殿中丞知司錄參軍事	興慶池 禊宴	東風池館絕纖埃，元巳佳辰樂眾來。桃李陰成微雨後，管弦聲動畫舡開。主公望重經邦業，上客詞高濟世才。四海傳聞應有恨，一方千里獨春臺。[88]
8	尹仲舒 太子左贊善大夫簽署節度判官廳公事	興慶池 禊宴	長安本佳麗，況復當盛春。擷勝在城曲，起亭臨水濱。隔花皆戲艇，滿目盡遊人。草膩疑梁圃，楊垂認霸津。自緣農有望，豈厭景長新。佑宴誠欣遇，非才與幕賓。[89]
9	閻詢 著作佐郎知汝州梁縣事	興慶池 禊宴	李唐前事此遺宮，春滿遺宮綠映紅。緩帶有功閑白日，飛觴無算惜東風。香輪度陌烟容外，畫舸凌波柳影中。拔禊賞心從此會，主人歸去漢三公。[90]
10	趙濟 大理寺丞知萬年縣事	興慶池 禊宴	撫封占清境，禊宴協良辰。物態隨春秀，歌聲洽政淳。擷芳尋陌綺，泛棹擊波鱗。天幸陪開府，非才愧席賓。[91]

88 《金石萃編》，卷 133，頁 216 上。

89 《金石萃編》，卷 133，頁 216 上，216 下。

90 《金石萃編》，卷 133，頁 216 下。

91 《金石萃編》，卷 133，頁 216 下。

（續上表）

	作者及職稱	詩名	原文
11	宋宏 大理寺丞知涇陽縣事	興慶池 禊宴	名臣臨俊域，和氣口芳春。禊飲傳佳節，時賢冠上賓。綠波浮畫舸，芳草染朱輪。行樂由仁政，歡聲沸水濱。[92]
12	雷簡夫 校書郎新差簽署秦州觀察判官廳公事	興慶池 禊宴	上巳風流屬令辰，禊堂開宴集佳賓。濟時原野經新雨，行樂池塘得舊春。千騎旌旗臨淥水，萬家車馬起香塵。自慙逋病無堪者，敢預平津末坐人。[93]
13	楊初平 觀察判官	興慶池 禊宴	照坐壺冰寒凜凜，北斗揮漿均袚飲。興慶池頭春色濃，亂柳搖金花罩錦。雕章麗藻俱時才，落筆頌歌兩兩台。府公莫惜玉山醉，明日天綸鳳詔來。[94]
14	史瑜 權節度掌書記	興慶池 禊宴	池館春光欲禁煙，芳辰修禊集羣賢。茂林深處森冠劍，清籟鳴時當管弦。召伯甘棠分陝地，羊公風景峴山前。詩成莫訝天機俊，潛握人間造化權。[95]

92 《金石萃編》卷 133，頁 216 下。

93 《金石萃編》卷 133，頁 216 下。

94 《金石萃編》卷 133，頁 217 上。

95 《金石萃編》卷 133，頁 217 上。

（續上表）

	作者及職稱	詩名	原文
15	董士廉 節度推官	興慶池 禊宴	歲和事簡正韶春，興慶池邊樂衆賓。尋勝此時追曲水，賞芳良會屬平津。映花語笑鞦韆女，隔岸絲簧祓禊人。深愧薄才叨下幕，酒酣應許吐車茵。[96]
16	文彥若 泰寧軍節度推官知隴州吳山縣事	興慶池 禊宴	上巳當嘉節，台庭讌鉅賢。使臺談玉瑩，賔幙玳簪鮮。綦組威儀異，樽罍禮讓宣。歡聲喧渭曲，瑞氣浹秦川。客奉熒煌坐，人歸雜沓筵。鯫生叨禮召，心久託陶甄。[97]
17	趙寅 德州軍事推官	興慶池 禊宴	斗城初霽媚春暉，託乘尋芳鶴蓋飛。修禊波深輕急槳，舞雩風暖薄更衣。香車寶馬嬉游盛，別館離宫往事非。因憶鳳池新溜躍，黑幡看逐節函歸。[98]
18	王冲 秘書丞通判乾州軍州事	興慶池 禊宴	駘盪青郊祓禊辰，東池冠蓋集嘉賓。逍遙共入華胥國，綽約誰逢洛浦神。障展露花長樂際，袍欹煙草曲江濱。遙知台斾行春暇，起作元釣輔弼人。[99]

96 《金石萃編》卷 133，頁 217 上。

97 《金石萃編》卷 133，頁 217 上。

98 《金石萃編》卷 133，頁 217 上，217 下。

99 《金石萃編》，卷 133，頁 217 下。

集會是為了上巳節的祈福活動而發。從張子定的序來看，興慶池早已不是王室所獨佔的皇家園林，而是都人仕女都可以遊覽的公共空間；地方官員在節日同赴興慶池讌飲集會，也就有了與民同歡的意思。〈興慶池禊宴〉詩諸作對這種官民同歡的場面多有描繪，王庭揚「賞心唯欲居民樂，縱飲猶虞坐客疲」，董士廉「映花語笑秋千女，隔岸絲簧祓禊人」，都是此意，可見興慶池在北宋已經變成一座城市郊區的公園。

盛唐的興慶宮位於唐代的首都長安，屬於政治的核心，但北宋的首度在汴京，舊時的長安反而是相對於中央的地方了。儘管宋人仍保有此地的盛唐記憶，張子定說：「蘭亭事古成遺跡，華萼樓空委路塵」。華萼樓就是花萼樓，閻詢也說：「李唐前事此遺宮，春滿遺宮綠映紅」，但興慶宮畢竟已經是歷史的遺蹟，它不再從屬於帝王的天命，而服務於當下的地方首長。中宗與玄宗朝的興慶池詩歌都以頌美皇帝為目的，但當興慶池已經變成地方，池畔的讌飲活動則以地方長官為中心，讌飲詩以呈現長官善政為目標，也就是題中應有之義了。百姓能歡樂度節，說明此地政通人和，這本是善政的結果；長官與民同樂，説明他對百姓生活的關注，也是善政的體現。因此，趙濟説：「物態隨春秀，歌聲洽政淳」，宋宏：「行樂有仁政，歡聲沸水濱」，都是藉民樂來彰顯官美。而優秀的地方官應該被朝廷所嘉賞，對於古代士人來説，最好的嘉獎莫過於被提拔到京城當官。在這些詩作當中，這層意思也被突出了，張奎説：「台旆行春暫均逸，鳳凰池暖正思賢」，鳳凰池就是宰相的職位，楊初平：「府公莫惜玉山醉，明日天綸鳳詔來」，意思是朝廷很快會派人將范雍召回朝中，也都是類似的表達。興慶池本在唐朝首都，是多少唐代士子夢寐以求的地方；但到了宋代，它由中央變成地方，士人反而希望離開，以求更好的發展了。

興慶池的命運並沒有因為北宋的水利建設而穩定下來，隨着宋金戰爭的爆發，興慶池落入金人的領地當中，但仍是金朝仕女的歡宴之所。《類編長安志》引《駱氏新説》曰：

> 興慶宮，經巢寇、五代，至宋湮滅盡淨，唯有一池。至金國，張金紫於池北修

> 眾樂堂、流杯亭，以為賓客遊宴之所，刻畫樓船，上巳、重九，京城仕女，修禊宴燕，歲以為常。正大辛卯東遷後，遂為陸田。兵後，為瓜區、蔬圃。庚子歲，復以龍首渠水灌之，鯽魚復生。舊說有千歲魚子，信不誣矣。[100]

大意是說興慶宮的建築經過唐末五代乃至於北宋的戰亂，早已湮滅，唯有宮中的興慶池遺存。金朝天眷時期（1138－1141）的金紫光祿大夫張中孚曾經在興慶池北邊修築眾樂堂和流杯亭等，以供賓客遊樂宴會；而在三月三和九月九這樣的民俗節日當中，興慶池也是京城仕女祈福宴會的場所。由此看來，興慶池不但恢復水源，池邊還多了人為的景觀建築。眾樂堂之名當出自《孟子》獨樂樂不如眾樂樂之意，可見金人也是將興慶池營造為公共的園林；流杯即流觴之意，流杯亭當是上承王羲之的蘭亭雅聚的故事，《蘭

100 駱天驤：《類編長安志》（北京：中華書局，1990 年），卷 3，頁 85。

亭集序》曰：「此地有崇山峻領（嶺），茂林修竹；又有清流激湍，映帶左右，引以為流觴曲水，列坐其次。」前文北宋張子定〈上巳日興慶池禊宴詩序〉曾經明確指出禊宴活動是在效法王羲之的蘭亭集，謂「被於南國，想像蘭亭之遊。」金人則將蘭亭集的典型場面物質化為「流杯亭」，可見文人雅集的傳統在興慶池活動中的進一步強化，它不再屬於帝王的敘事，而回歸文人的傳統。《類編長安志》「流杯亭」條引《新說》：「曲水流觴，以為祓禊宴樂之所。傍有《禊宴詩碑》。」[101]

金哀宗正大八年（1231）以後，長安再次遭遇戰火，興慶池也隨之枯竭為陸田，再度成了百姓種植瓜果蔬菜的地方。一直到了庚子年（1240），蒙古人清理龍首渠且引渠水入池，龍池才再度形成規模，隨着池水乾涸而消失的鯽魚也再次出現在水中，時人傳説這些鯽魚是復生而來，所以有「千歲魚子」的説法，又為興慶池增添一點神秘的色彩。千年以前的鯽魚自然不可能復生，復生神話的產生源自於玄宗的故事，

101《類編長安志》，卷 4，頁 123。

《明皇雜錄》記載唐玄宗曾命人將洞庭湖的鯽魚放養於興慶池，並且以之作為遊宴的佳餚：「取洞庭湖鯽魚養於池。以為鱠，日以游宴。杜甫詩『三月三日天氣新，長安水邊多麗人。』祿山陷長安，天子幸蜀，盛事遂寢。」[102] 鯽魚復生傳說的出現背後寄託時人對於玄宗朝興慶池盛事的無限懷想。從《類編長安志》「雁塔影」條引《新說》的記載，我們也可以知道在蒙古人的治下，興慶池是如何成為城市生活的一部分：

> 龍池，兵後水涸，為民田、瓜區、蔬圃十餘年。庚子、辛丑歲，始引龍首渠水灌地，許人佔修酒館。至壬寅，池水泓澄，四無映帶，唯見雁塔影倒於池中，遊觀者無數，酒爐為之一空。[103]

興慶池在戰亂中乾涸，最後成為百姓的耕田。但

102《類編長安志》，卷 3，頁 84－85。

103《類編長安志》，卷 8，頁 268。

一當蒙古人再次引入龍首渠的渠水，興慶池便在三年間恢復規模，並且它的水面澄澈，可以從中看到雁塔的倒影，「雁塔影」遂成為當時名勝，吸引無數的居民前來觀遊。官府允許商販在池邊樹立酒館，而來遊覽的百姓眾多，往往順道在池邊小酌，這就讓這些池畔酒館的酒都很快銷售一空。由此，我們可以知道興慶池在蒙古人的治理下越發庶民化，已經進入百姓的日常生活了。

興慶池的命運似乎一直遷轉於枯竭和復水之間，一直到元朝的至元年間，我們都還可以看到元人復開渠水灌入興慶池的紀錄。至元元年（1264 年），陝西行省平章賽典赤贍思丁為了解決城中水利問題，赴任後馬上着手疏通龍首渠西渠及其支道。《類編長安志》的記載是這樣的：

> 至元甲子，賽平章復引水入城中。至元十年（1273），復開五季後涸渠，自長樂坡西北流入王城，一渠西流，灌興慶池，經勝業坊西京城，經少府、錢監、都水監、青蓮堂、西入熙熙臺，西入城濠。今

渠廢，水不復入京城。[104]

賽典赤贍思丁復開渠水後，渠水西流，從興慶池灌入，又經勝業坊等處，最後排出城外。復通的龍首渠水流經的範圍廣大，不但流灌興慶池，也是青蓮堂等景觀建築之所以成景的重要基礎，透過渠水，城市的景觀被串連起來。總之，興慶池隨着歷史的推進，興慶池幾經乾涸，又復成池；從皇家園林到象徵帝王天命的神聖空間，最後又變成公共的勝景，是為百姓所共享的城市景觀。

長安興慶宮的龍池隨着玄宗政治權力的崩潰而失去天命的象徵，又回歸作為園林組成的興慶池；在朝代的更迭之中，它甚至不再是首都的地標景觀，而成為城市水利建設下的附加產物。舊時李唐的輝煌也只存在於文人墨客的思古懷舊之作中。金代詩人喬扆便曾有〈興慶池月夜〉詩，詩曰：

104《類編長安志》，卷 6，頁 191。

花萼樓傾有故基，行人空讀火餘碑。
可憐興慶池邊月，曾伴寧王玉笛吹。[105]

曾經象徵玄宗權力中心的花萼樓現在只剩下建築的地基遺存了，來到此處的人，只能透過當年李白撰碑，徐浩書丹的《花萼樓詔》來想見往昔的輝光。天空的月亮在玄宗的哥哥寧王李憲吹笛的時候，依曾伴隨左右，如今月亮依然照映着興慶池的池水，但玄宗兄弟早已變成歷史，只剩下遺跡供人憑弔了。

興慶池在歷史中幾經浮沉，最終消失在歷史的長河當中。1955 年，因應西安交通大學南遷，西安市政府在興慶宮的遺址西南修築了興慶宮公園，1958 年建成並對外開放。從考古的範圍來看，興慶宮公園的佔地面積約只有唐代興慶宮的四分之一，興慶池的水域則不到全盛時的一半；公園內也有沉香亭、花萼相輝樓等建築，但顯然無法恢復盛唐的規模。今天的興慶宮公園是西安著名的觀光景點，儘管天命的傳說已經破滅，但它作為公共園林的使命依然在延續。

105《類編長安志》，卷 9，頁 297。

圖五：興慶宮（https：//commons.wikimedia.org/w/index.php?curid=123722707）

下編

上黨：唐玄宗的十九道符瑞與封禪

唐代潞州的上黨就是今天山西省長治，明弘治《潞州志》「瑞閣餘馨」條下記載這樣一個故事：唐玄宗在唐中宗景龍年間任潞州別駕的時候，州境出現十九道符瑞，被認為是玄宗將登大寶的啟示。開元年間，潞州的百姓為這些符瑞作畫，並獻《瑞應圖》來彰顯此事，玄宗遂因《瑞應圖》而修築「聖瑞閣」的建築。如今聖瑞閣的建築已經毀壞，只剩下閣的名稱和舊址遺存。但是，潞州人士無論賢愚，都知道瑞應閣的故事，所以稱之為「瑞閣餘馨」。從這個故事可以知道唐玄宗在潞州還有一套符瑞的故事，這些符瑞本身具有形象，被繪成《瑞應圖》後，符瑞變成圖像而被保存下來；玄宗因瑞圖而修瑞閣，至此符瑞又轉化為物質建築，成為城市的新地標。儘管瑞閣的建築已經毀損，但我們仍可以想像，當這座標誌玄宗天命的建築矗立在上黨，是如何向每一個仰望瑞閣的人昭示玄宗的聖德。

上黨有諸多建物都是因唐玄宗的符瑞而出。根據《長治縣志》記載：

飛龍宮。在子城內，一名啟聖宮。唐元宗別駕潞州故第。開元十一年將幸太原，次潞州於故第，置啟聖宮。後改名飛龍宮。[1]

聖瑞閣。在飛龍宮西。元宗在潞州，州中獻瑞者前後十有九。後踐位，潞人獻瑞應圖，遂建閣，賜名聖瑞。閣成，白鶴來翔，張九齡撰聖應圖贊。[2]

興唐宮。潘炎童謠賦序云：景龍二年九月後常有童謠云：「羊頭山，作朝堂」。[3] 郡南六十里有羊頭山，今興唐宮即當之矣。

金橋。南二里。玉海：唐景龍三年童

1 （乾隆）《長治縣志》，卷 5，頁 215。
2 《長治縣志》，卷 5，頁 215。
3 《長治縣志》，卷 5，頁 215，216。

> 謠：聖人執節度金橋。十月二十五日玄宗由此朝京師。潘炎著金橋賦并序。
>
> 寢堂。潘炎寢堂紫氣賦序：景龍三年十月帝還京後，州內所居寢堂上有紫氣，七日不散。[4]

飛龍宮是玄宗任潞州別駕的時候所居故邸，開元十一年，玄宗北巡狩又幸此地，將故邸賜名為「啟聖宮」，後來又改名為「飛龍宮」。無論是啟聖或是飛龍，都突出潞州作為玄宗龍潛之地的意義。飛龍宮西又有聖瑞閣，玄宗登基後，潞州人士將他在潞所得的符瑞畫成《瑞應圖》，張九齡則根據瑞圖作贊。玄宗因《瑞應圖》而修築聖瑞閣，瑞閣建成後有白鶴來翔，而在古代的觀念傳統當中，白鶴也是符瑞的一種，最著名的例子當屬宋徽宗的《瑞鶴圖》。上黨郡南六十里又有興唐宮，它的出現是因為此地在景龍二年九月之後出現「羊頭山作朝堂」的讖語，似乎是暗示玄宗政權的降臨。郡南二里則有金橋，這裏也出現

4 《長治縣志》，卷 5，頁 216。

圖六：宋徽宗《瑞鶴圖》（https：//commons.wikimedia.org/w/index.php?curid=4335415）

過神秘的童謠：「聖人執節度金橋。」童謠的內容和玄宗後來的行動一致，因為景龍三年，他正是從金橋出發返邸長安，誅除韋后黨人，匡扶李唐政權。又玄宗回京後，潞州猶有符瑞遺響，在玄宗所居的寢堂內出現紫氣，七日不曾消散。

飛龍宮、聖瑞閣、興唐宮、寢堂和金橋都與唐玄宗的符瑞故事相關，這些符瑞在玄宗朝曾發揮重要的政治影響，其意義由張九齡、潘炎等唐代文士所揭示。玄宗之後，這些符瑞的故事仍在地方流傳，因符瑞而起的建築或許因為朝代的更迭而消失於歷史當中，但他們的故事進入方志，又成為地方的歷史記憶。上黨的符瑞群和長安的龍池瑞形成一朝一野的對照，均服務於玄宗的天命敘事，也構成不同的城市景觀。

第一節　北都巡狩與〈上黨舊宮述聖頌〉

如果我們翻檢唐代的史料，可以發現玄宗在潞州的十九道符瑞並不是一開始就定型的，它們和長安的龍池一樣，都有一段發展的過程。在這個過程中，無論是符瑞的數量或是型態都曾有過變化。以下我們便來看這些符瑞的故事。

《舊唐書》對玄宗的即位曾有一段記載，説他在登基之前曾任潞州別駕，而他在潞州的時候，當地出現連串神異的現象，唐人認為這些現象代表上天的旨意，是上天對玄宗天命的肯定：

> 景龍二年四月，兼潞州別駕。十二月，加銀青光祿大夫。州境有黃龍白日升天。嘗出畋，有紫雲在其上，後從者望而得之。前後符瑞凡一十九事。[5]

中宗景龍年間玄宗出任潞州別駕，結果在州境內出現黃龍、紫雲等符瑞共一十九道，似乎預告玄宗從潞州返京之後，將繼大統。

那麼，潞州的十九道符瑞究竟是什麼呢？我們今天可以找到最早的有關這些符瑞的記載是開元十一年張説的〈上黨舊宮述聖頌〉。在這篇頌文當中，張説

5 《舊唐書》，卷 8，頁 166。

提及的符瑞只有十道，這可能是上黨符瑞最初的型態。《舊唐書》所記載的當是符瑞定型之後的情況。

張說之所以要作〈述聖頌〉，又和當年的一件大事有關，那就是玄宗北巡。開元十一年（723）正月，玄宗率領一眾大臣展開北巡儀式，依照時間先後，行程包括太行山、潞州和并州，最後往汾陰祀后土。其中并州是李唐王業之所起，所以玄宗幸并州的時候，又將并州立為「北都」，這一系列的活動也總稱為「北都巡狩」。三月，玄宗一行返抵長安，北巡結束。北巡選定的幾個地點當中，潞州是值得注意的。太行山和并州都和李唐的發跡史有關，前者曾經出現過高祖李淵的太行山神音，預示他將得天下，據玄宗〈起義堂頌序〉所說：「故武德中，太行出大聲曰『唐興理萬年』。蓋天之所命，年代未可涯也。」[6] 後者就是太原所在，也就是李淵起兵爭天下的起點。太行山和并州分別代表高祖李淵的天命和事功，具有重要的意義。汾陰祀后土則是祭地的儀式，這個儀式上承漢武帝，且在漢武之後便沒有皇帝再去祭祀。玄宗繼承

6 《全唐文》，卷 41，頁 445 下。

圖七：太行山（劉東攝）

漢武的祭地儀式，便有將他的時代比擬漢武盛世的意思。

那麼，潞州的特殊性又是什麼呢？潞州與玄宗繼統之前的一段經歷相關。唐中宗李顯是歷史上少有的兩次登基的皇帝，弘道元年唐高宗李治駕崩，李顯第一次登基，卻在五十五天之後被武則天所廢；神龍元年武則天病故，李顯復位，年號神龍。李顯在位時期短暫，只有五年多的時間，但他寵信韋皇后一系的外戚，最後導致李唐政權旁落的危機。當中朝政權落在韋后黨人手上的時候，玄宗出任潞州別駕，時間是景龍二年。景龍三年，中宗舉行南郊祭天大典，玄宗以宗室的身份參加，才由潞州返回長安。景龍四年六月，中宗暴斃，韋皇后稱制，掌握朝政，意圖效法武則天故事。玄宗因此發動政變，誅殺韋后等人，並擁戴父親即位，是為唐睿宗。因此，玄宗之所以接受睿宗的內禪是因為他有匡扶李唐王權的事功，而潞州的上黨恰是他的事功的起點，因為他就是從此出發，返回長安，撥亂反正。在玄宗本人的王權敘事當中，潞州具有特殊的地位。

潞州的上黨之於玄宗就好比是并州的太原之於李

淵，沛縣之於漢高祖劉邦，都是王業的起點。玄宗回到上黨故居也效法劉邦幸沛，不但賜與潞州鄉親各種租稅上的優待，還有詩作留下。玄宗〈巡省途次上黨舊宮賦〉：

三千初擊浪，九萬欲摶空。天地猶驚否，
陰陽始遇蒙。存貞期歷試，佐貳佇昭融。
多謝時康理，良慚實賴功。長懷問鼎氣，
夙負拔山雄。不學劉琨舞，先歌漢祖風。
英髦既包括，豪傑自牢籠。人事一朝異，
謳歌四海同。如何昔朱邸，今此作離宮。
雁沼澄瀾翠，猿巖落照紅。小山秋桂馥，
長阪舊蘭叢。即是淹留處，乘歡樂未窮。[7]

這首詩述其歷試上黨的過程，其中「先歌漢祖風」正是效法漢高祖〈大風歌〉之意。漢高祖劉邦稱「大風起兮雲飛揚，威加海內兮歸故鄉，安得猛士

7 《全唐詩》，卷 3，頁 40。

兮守四方！」[8]唐玄宗李隆基則謂「英髦既包括，豪傑自牢籠。人事一朝異，謳歌四海同。」二者的意思相通，都有天下大定之後，網羅天下英豪之志，玄宗將自己與漢朝「受命」的開國皇帝劉邦相提並論，藉此突出自己「再受命」的地位。

正因為上黨在玄宗的皇權歷史當中有重要的位置，所以我們可以看到玄宗一行在北巡結束，返抵長安後，張說的總結文章〈上黨舊宮述聖頌〉是以代表玄宗的上黨為敘事的中心。這篇文章一開頭就說：

> 惟開元十有一祀正月，皇帝展義於河東，挾右太行，留宴上黨；整兵耀武，入於太原，設都建頌，以崇王業；南轅汾脽，祈穀后土，天清日朗，神歆如；三月庚午，飲至長安，六軍解嚴，四方和會。[9]

8 《史記》，卷8，頁389。
9 《張說集校注》（北京：中華書局，2013年），卷11，頁568－570。

他說玄宗北巡經太行、上黨、太原，然後在汾陰祭祀后土，最後回到長安，所述即北巡的全過程。但是，為了整個北巡所作的頌卻是以上黨舊宮為述聖的核心，這便是要突出玄宗在上黨發跡的意義了。

上黨作為王者功業之所起的意義要如何凸顯呢？最權威而不可動搖的價值自然還是來自於上天的旨意。玄宗在上黨作〈舊宮賦〉時，從臣張說有詩應制，那便是〈奉和爰因巡省途次舊居應制〉，其中有句曰「從臣觀玉葉，方願紀靈符。」[10] 既稱「靈符」，似乎已經注意到符瑞的意義了，但是，上黨符瑞的第一次認定，還是要等到北巡結束之後，由張說所作的〈上黨舊宮述聖頌〉來揭示。

張說的〈上黨舊宮述聖頌〉是最早詮釋上黨符瑞的文本，頌序提到玄宗在上黨所應的符瑞包括：

> 紫雲在天，神光照室，白鹿來擾，黃龍上昇，朧出仙洞而神魚躍，山開禪穴而靈鐘韻，謠言合讖，巨跡引途，嘉李傍

10 《張說集校注》，卷 3，頁 98。

連，神蓍自起[11]。

頌文則稱：

> 黃龍晝見，攀天而上，九五象兮。帝適於野，紫雲之下，求必在兮。帝寢於堂，變龍有光，觀者駭兮。天跡星謠，木連蓍立，總成異兮。靈鍾化穴，縞鹿赤魚，何詭異兮？[12]

結合二者的記載，可以知道這個時期玄宗的瑞應包括黃龍昇、赤魚躍、紫雲現、白鹿擾、木連理、謠讖歌、神光照、巨跡出、鐘乳穴開與神蓍立共十種。這些符瑞以物象呈現，他們是上天的旨意，預示這裏將有王者出現，也就是張説頌所説的：「上天無聲，托類附形，覺悟人兮。」

那麼，這些符瑞的意義是什麼呢？這些符瑞多數

11 《張説集校注》，卷 11，頁 569。

12 《張説集校注》，卷 11，頁 570。

從屬於已有的符瑞傳統，因此可以立刻判斷他們的身份與意義。首先是黃龍，龍本就代表天子，黃龍在符瑞的系統中還有特殊的涵義，因為上古的聖王舜就是以黃龍為瑞，《瑞應圖》說：「舜東巡狩，黃龍負圖置舜前。」[13] 舜東巡則在野，玄宗在上黨亦是在野，這就透過黃龍瑞將二者關聯起來了。神魚躍也和帝王的故事有關，漢章帝元和三年（86）北巡祭祀北岳的時候，有數十只神魚躍出。紫雲也與帝王發跡相關，《宋書．符瑞志》說東吳滅亡後，蔣山上常有紫雲盤踞，望氣者判斷江東猶有帝王氣，而晉元帝正是興於江左。白鹿是傳統符瑞，是王德普潤時會出現的動物，《宋書》說「白鹿，王者明惠及下則至。」[14]《瑞應圖》:「王者承先聖法度，無所遺失，則白鹿來。」[15] 唐人亦有「白鹿白兔，王者嘉瑞，和平之應」[16] 的說法。木連理也是如此，這種奇異植物狀態會在王者德

---

13 《藝文類聚》，卷 98 引，頁 1703。

14 《宋書》，卷 28，頁 803。

15 《太平御覽》，卷 906，「獸部十八．鹿」，頁 4018 上。

16 代宗：〈答魚朝恩獻苑內白鹿白兔手詔〉，《全唐文》，卷 46，頁 513 下。

澤純洽，八方合為一的情況下出現。謠讖的散播是古代塑造政治神話的常用手法，史書就曾記載晉元帝的即位謠言「五馬游渡江，一馬化為龍。」[17] 五馬被認為是元帝與西陽、汝南、南頓、彭城五王，但只有元帝獲得皇位。神光的傳統則有些特殊，因為它和唐高祖李淵的降生神話有關。「神光照室」本是帝王降生的祥瑞，《宋書》記載晉元帝出生的當晚「有光照室，室內盡明」[18]，宋武帝出生的時候也有「神光照室」[19]，可見這種神秘的光與帝王降生之間的關係。但更重要的是，唐高祖李淵出生的時候「紫氣充庭，神光照室」[20]（《冊府元龜》），藉由神光，玄宗在符瑞的層次上與創業先祖產生聯繫。巨跡指的是巨人腳印，也和聖人出生有關，傳說后稷就是因為母親姜嫄踏巨人腳印而懷孕生出的。因此裴松之曾引《獻帝傳》說「巨跡瑞應，皆為聖人興。」[21] 大人腳印也被視為聖人

17 《宋書》，卷 28，頁 845。
18 《宋書》，卷 27，頁 782。
19 《宋書》，卷 27，頁 783。
20 見《冊府元龜》，卷 2，頁 20 下。
21 《三國志》（北京：中華書局，1964 年），卷 2，頁 64。

圖八：唐玄宗上黨官衙舊址（劉東攝）

將出的預告。鐘乳穴在符瑞的傳統中沒有依據，但以忽然出現的山洞作為上天的啟示卻可以見諸三國東吳的歷史，孫權稱帝以前，秦山忽然傳來隆隆的雷聲，然後出現一個洞穴，裏面的石頭都有花紋，孫權便把這個山洞當成是他的符瑞，玄宗當是借用了這個典故，並加入鐘乳石的元素。至於神蓍立則是玄宗從潞州返長安的時候發生的一件奇事。景龍四年因中宗要祀南郊，玄宗返京參加，臨行之際，讓術士韓禮為他卜筮，結果出現有一莖蓍草立起來的奇觀。韓禮非常吃驚，說了一句話：「蓍立，奇瑞非常也，不可言。」蓍草的瑞象似乎預言了玄宗返邸長安之後即將有一番大作為。

以上是玄宗上黨符瑞第一階段的樣貌。如果對比《舊唐書》的記載可以發現符瑞在數量上的差異，史書明確指出玄宗在此有十九道符瑞，但〈述聖頌〉只有十道。又與《山西通志》對比，《通志》稱寢堂是為了紀念玄宗離開之後，房間所出現的紫氣。然而，張說的〈述聖頌〉並未提及紫氣，而只有紫雲，但紫雲又不應該出現在室內。那麼，方志的記載從何而來？這就涉及兩年後，也就是開元十三年張說對於潞州符瑞的改寫與修正了。

第二節　符瑞的風景：〈皇帝在潞州祥瑞頌十九首〉

開元十三年（725）是玄宗朝歷史上一個特別的年份。這一年十一月，玄宗封禪泰山，封禪是古代王朝最高等級的典禮，是帝王確認天下太平，要將其成功告於神明的儀式。封禪在傳統觀念中具有高度的神聖性與儀式性，是盛世的象徵與標誌。但帝王封禪需要滿足眾多的條件，符瑞代表上天的旨意，便是其中一項必要的條件。因此，在封禪稍早，也就是開元十三年的九月，潞州上《瑞應圖》，以昭示王瑞，而圍繞瑞圖又產生一系列的文本，對符瑞進行詮釋和宣示。其中，最具標誌性的當是張說在一十年〈上黨舊宮述聖頌〉的基礎上，奉敕作的〈皇帝在潞州祥瑞頌十九首〉（以下簡稱〈十九頌〉），代表朝廷對這一套符瑞的政治意涵作了官方的解釋，後代所傳的潞州祥瑞實是以張說這次的詮釋為定本。我們比較張說前後兩次對玄宗符瑞的敘事，可以看見上黨的符瑞景觀曾發生相當大的變化。為了方便起見，我們將兩次符瑞詮釋活動所涉及的符瑞表列如下：

	開元十一年	開元十三年
1		日抱戴
2		月重輪
3		赤龍
4	白鹿	逐鹿
5		嘉禾
6	黃龍	黃龍
7	謠讖	羊頭山北童謠
8	鐘乳石穴	仙洞
9		大王山三壘
10		疑山鑿斷
11	赤魚	赤鯉
12		黃龍再見
13	紫雲	紫雲
14	木連理	李樹
15	神蓍	神蓍
16		金橋
17	神光	紫氣
18	巨跡	大人跡
19		神人傳慶

從上面這張表可以知道從開元十一到十三年之間，玄宗上黨符瑞發生了很大的變化。張說並沒有說明他為何要在兩年後重新詮釋玄宗的符瑞，但可以知道的是，十一年的〈上黨舊宮述聖頌〉以一頌記多瑞，對符瑞各自意涵的詮釋有限，十九頌分別記瑞，便可以更全面地展開敘事。十九頌[22]如下：

	符瑞	頌序	頌
1	日抱戴	皇帝初臨潞州，景龍元年四月二十有七日，其日日抱戴。頌曰：	日告帝符，王起乘土。重光五色，四方之主。或抱或戴，氣華暉嫵。大明經天，豈忘忠輔？
2	月重輪	皇帝臨潞州，景龍元年七月十有四日夜，月重輪。頌曰：	維帝潛德，受天眷命。月之重輪，示我金鏡。璧彩內澈，環規外映。君心用明，神道協慶。
3	赤龍	皇帝臨潞州，景龍二年四月二十（有）五日，廳事據案假寐，百姓、白鶴觀道士宋大辨等三十餘人，同見赤龍在案。頌曰：	聖寐無體，神融氣渙。蜿然赤龍，垂首據案。昔有王媼，預覩興漢。今此潞人，亦兆靈觀。

22 參見《張說集校注》，卷 11，頁 575－593。

（續上表）

	符瑞	頌序	頌
4	逐鹿	皇帝景龍二年二月二十有八日，巡屬縣，至潞河，有鹿奔走渡河，水深三丈，帝馳鞭逐鹿，水不及馬韉，應時獲鹿。司戶參軍崔弼，隨帝而涉，纔入數步，馬溺焉。頌曰：	王者之畋，必有天佐。逐鹿深水，乘躍而過。不失其馳，舍矢如破。後騎沒溺，乃驗靈跡。
5	嘉禾	皇帝臨潞州，景龍二年八月二十有五日，長子縣界內，有嘉禾合穗。頌曰：	靈氣滋液，嘉禾族生。或分九穗，有合雙莖。昔效唐叔，歸功太平。今於歷試，抽此德萌。
6	黃龍	皇帝臨潞州，景龍二年九月五日，黃龍見於州城東五里伏牛山南岡。遲留久之，觀者如堵。頌曰：	黃龍土精，五方之長。在田而見，文明厥象。軒圖瑞來，夏匱妖往。惟德可應，恃神難調。
7	羊頭山北童謠	皇帝臨潞州，景龍二年九月已後，嘗有童謠云：「羊頭山北作朝堂。」其州南六十里，有羊頭山。頌曰：	熒惑降精，是為天使。會合齠齔，謳謠街肆。通賢妙識，採斷來事。山北朝堂，此明天位。
8	仙洞	皇帝臨潞州，襄垣縣北有仙洞，忽然自開十數里，仙乳靈液，凝膏注玉。頌曰：	憑乘仙穴，應吳建號。襄垣洞開，神亦我報。玉膏滴瀝，石巷幽奧。天將佑之，陰靈啟道。
9	大王山三壘	《上黨記》：「禹治水而登此山，因名焉。」《魏書》云：「望氣者言，其山有天子氣，故太武壘石為三封，欲以厭之。」頌曰：	昔望茲山，當出天子。太武心忌，壓以軍壘。地氣雖廢，河清有俟。三百餘年，聖人方起。

（續上表）

	符瑞	頌序	頌
10	疑山鑿斷	《上黨記》:「後魏太和末，孝文帝自代幸洛，見此山有伏龍，疑而不進，遂斷山東麓以厭之。其斷處猶存，因名疑山。」頌曰：	王命必有，厭勝多無。不徵綠錯，虛役丹徒。舊山伏氣，今聖靈符。魏雖穿鑿，能違天乎？
11	赤鯉	皇帝（臨潞州），景龍三年三月，巡屬縣，至襄垣南漳水上，有赤鯉魚騰躍。頌曰：	龍或魚服，鯉同國姓。躍泉將飛，告我天命。麟昭武德，翼贊興慶。昔去隨仙，今來迓聖。
12	黃龍再見	皇帝臨潞州，景龍三年六月十（有）五日，黃龍再見於伏牛山。頌曰：	蜿蜿黃龍，既見將躍。氣動雲繞，精流電爍。文明剛健，嫵媚纖弱。萬物覩焉，聖人其作。
13	紫雲	皇帝臨潞州，景龍三年九月九日，與群官壺口山界坐。其時，東北有紫雲翩翩而來，光彩照日。明日，上黨縣丞王敬賓等白刺史劉懷一，並啟皇帝，請上狀奉教不許。頌曰：	天臨壺口，露坐山眉。紫雲來覆，如蓋如帷。畢景不滅，含風自持。一人有慶，兆民賴之。
14	李樹	皇帝臨潞州，延唐寺有李樹連理，皇帝親自驗見，今御書額焉。頌曰：	李興帝族，寺牓延唐。異枝同幹，雙名合祥。花轉瑤蕚，子綴珠光。本支百代，永永蕃昌。

（續上表）

	符瑞	頌序	頌
15	神蓍	皇帝臨潞州，景龍三年九月十有五日，召百姓韓擬禮蓍筮。卦未成，而一蓍翹立，擬禮曰：「此天人之瑞。」洎帝踐祚，授擬禮遊擊將軍、長上折衝，頌曰：	纖纖靈蓍，下有伏龜。天生神物，以決狐疑。一蓍特起，自天立之。無卦之卦，告帝之期。
16	金橋	金橋在潞南二里。常有童謠云：「聖人執節度金橋。」皇帝景龍三年十月二十有五日，由此橋朝京師。頌曰：	出郡二里，橫路金橋。聖人南渡，駟馬西朝。運及誅呂，時當煥堯。卻尋後事，一合童謠。
17	紫氣	皇帝臨潞州，景龍三年十月二十有五日還京，後州內所居寢堂有紫氣，七日不散。頌曰：	王往京國，傾城戀惋。紫氣浮宮，七日不散。斐亹牕戶，輪囷臺觀。都人係心，瞻仰雲漢。
18	大人跡	皇帝從臨潞州還京後，其宅內及州街並有大人跡，長二尺五寸，自東而西，布武相繼。頌曰：	百神從王，一舉西適。眾觀空廨，連步雲跡。躡似郊媒，痕同雷澤。曠古奇事，存乎帝籍。
19	神人傳慶	皇帝唐隆元年六月二十日夜，除妖孽後，其明日，州佐吏索崇嗣於州南門外，聞空中有人云：「臨淄王誅韋氏，相王得天下。」其崇嗣告長史裴思，裴思以妖惑罪之，禁錮累日，逢其月二十一日，赦到獲免，案牘猶存。頌曰：	天帝下席，承韋於命，王赫斯興，撥亂反正。擊凶尊主，一麾大定。神人相歡，肸蠁傳慶。

從數量上來說，十九的數字也是值得注意的。十九在傳統文化中是一個神秘的數字，漢武帝時有〈郊祀歌〉十九章，東漢五言古詩的代表是〈古詩十九首〉，以現代的眼光來看，十九並非整數，為何古人偏愛此數字？有關這個問題有兩種可能，一是十和九分別代表陰和陽的極數，唐代的成玄英（608－669）說：「十，陰數也，九，陽數也。故十九年極陰陽之妙也。」（《南華真經》卷二）數字十九是陰陽的極致，而符瑞恰恰是陰陽極致和諧的產物。另種可能和古代的曆法有關，十九是古代曆法的一個「成數」，也就是「一章」之數。所謂「一章」是指將日月環行的週期合併到一個系統內之後，日和月運行到同一個位置所需的時間，《後漢書》：「至朔同日謂之章。」[23] 就是這個意思。而這個時間就是十九年。所以對古人來說，十九是天的一個大循環，具有重要的意義。[24] 無論是哪一種可能，十九在古代都是極致的

23 《後漢書・志第三》（北京：中華書局，1973 年），「律曆下」，頁 3056。

24 參見辛德勇：〈古詩何以十九首〉，《光明日報》2019 年 7 月 6 日。

代表，玄宗潞州的祥瑞數量從十種拓展到十九種，也就不難理解了。

符瑞從十種擴充到十九種，最明顯的差異是「日抱戴」和「月重輪」兩瑞的加入。日和月本是帝王的象徵，具有「大明經天」的意義，是天命聖王所不可或缺的符徵，乃是受命符瑞的系統中的最高等級。日抱戴指的是太陽的光暈，當王者至德上達到天的時候便會出現，張說說玄宗一到潞州就出現日抱戴的奇景，這正代表上天的旨意，所以說是「日告帝符」；月重輪則是月暈，同時也是樂府題，本是漢明帝為太子時，群臣歌其德的詩歌，目的在於「贊太子之德」（《古今注》）。而玄宗之所以被立為皇太子，也是因為「平王有聖德，定天下」[25]，透過符瑞的敘事，又進一凸顯玄宗之德。又因為潞州瑞出現的時候玄宗還處於龍潛的狀態，因此頌文稱「維帝潛德，受天眷命」。同時，當張說為「日抱戴」的符瑞作頌的時候，朝廷已經決議當年年底要赴泰山封禪，在封禪儀式結束的時候，日抱戴的符瑞再次出現。據《舊唐書》載

25 《舊唐書》，卷 8，頁 167。

玄宗封禪完成後，上天出現慶雲也就是祥雲和日抱戴兩個祥瑞：「上還齋宮，慶雲見，日抱戴。」[26] 十九頌以「日抱戴」為首，封禪以「日抱戴」作結，恰好貫串聖王受命到功成的過程。

另一個明顯的改動是龍瑞的增加。開元十一年的〈述聖頌〉只有黃龍升天與龍瑞相關，但十三年的十九頌卻出現赤龍、黃龍和黃龍再現三道符瑞，並以三頌解釋他們的不同意涵。赤龍的背後是漢高祖劉邦的天命傳說，根據《史記》記載，劉邦發跡以前常到酒館賒酒，喝醉之後，同行的王媼和武負常見到劉邦上方有龍：「常從王媼、武負貰酒，醉臥，武負、王媼見其上常有龍，怪之。」[27] 劉邦開國之後，這條龍自然也就被當成上天的啟示了。張說古今類比，所以說：「昔有王媼，預覩興漢。今此潞人，亦兆靈觀。」《史記》雖然沒有說明王媼見到的龍是什麼顏色，但因為劉邦還有赤龍子斬白龍子的傳說，所以便將潞州的龍也詮釋為赤龍了。黃龍在潞出現兩次，似乎代表

26 《舊唐書》，卷 8，頁 188。
27 《史記》，卷 8，頁 343。

玄宗天命的不同階段。景龍二年九月五日的《黃龍》說：「黃龍土精，五方之長。在田而見，文明厥象。」「在田」云云出自《易經·乾卦》中的爻辭：「九二：見龍在田，利見大人。」見龍在田合乎黃龍出現的場景「黃龍見於州城東五里伏牛山南岡。」同時也符合龍飛之前的狀態。景龍三年六月十五日〈黃龍再見〉說「蜿蜿黃龍，既見將躍。」「將躍」之意也出自於《周易》：「九四，或躍在淵，無咎。」從在田到將躍，預示玄宗從潛龍而飛天的過程。相較於〈述聖頌〉，龍瑞在整個玄宗的天命敘事當中有更為具體且豐富的內涵。

鹿也是上黨符瑞的重要組成，但從「白鹿」到「逐鹿」的轉變是值得注意的。白鹿並不是特別罕見的符瑞，根據《宋書》的紀錄，「白鹿」從漢章帝建初七年（82）到劉宋後廢帝元徽三年（475）共出現47次，絕大多數不是天子親見，而是太守「以獻」、「以聞」。這就無法突出「白鹿」與身在上黨但並未登基的玄宗之間的關係，因為白鹿也可能是因長安的中宗而出現。因此，十九頌改變詮釋策略，「白鹿」的形象隱而不見，突出的是王者「逐鹿」之說，直接突出玄宗與此事的必然關聯。「逐鹿」本就是爭天下的比喻，唐人進一步將它與受命聯繫，初唐蘇世長就曾說過：「自古帝王受命，為逐鹿之喻，一人得之，萬夫斂手。」雖然仍是以「逐鹿」為喻，但已建立逐鹿與帝王受命之間的關係。張說〈逐鹿頌〉進一步將「逐鹿」坐實為符瑞靈跡，聲稱玄宗騎馬涉深水而不溺，但隨侍的崔璟之馬卻溺於水，從而突出上天對受命帝王的福祐。這就在傳統的基礎之上，創造新的符瑞文化，以論述玄宗之受命了。唐人曾為十九道符瑞作圖並修聖瑞閣藏之，今天我們已經無法知道這些符瑞的圖像狀況，但還可以看到張九齡為「逐鹿」瑞所作的〈聖應圖贊〉。他的序對逐鹿新瑞有進一步的詮釋，我們可以更清楚地見出「逐鹿」瑞所蘊含的天命論述策略：

> 臣聞啟聖者天也，宜有以覺悟；受命者聖也，必有以明徵。故神不言而可知，時將至而先兆。當陛下龍潛上黨也，……又以潞水之泓深，山鹿之捷走，馳騎是獲，厲流不濡，非力所能，以明或躍。

> 《乾》之上體，時在九四，神道幽贊，聖期密邇，自後而占，何著明其若此？蓋天福海內，地降聖跡，以瑞非常之後，以決如神之策，至於再三，明必信耳。有郡掾崔弼，時其從行，見龍騎先馳，謂河流可涉，亦既數步，遽已滅頂。不沉也，安足以驗飛？無凡也，於何以昭聖？事來自久，命常維新。臣不勝至願，謹為《聖應圖》……[28]

上天降下天命必然會有徵兆，這就是「時將至而先兆」，玄宗未登大寶之時所遭遇的逐鹿奇事，便是上天所降下的啟示。玄宗涉深水逐鹿而不溺的意義在於「以明或躍」，也就是《乾卦》九四「或躍在淵，無咎」的意思，這和上文所説的〈黃龍再見〉「蜿蜿黃龍，既見將躍」的意思是一致的，都在強調王者「將躍」的意涵。伴駕的崔弼隨玄宗涉河，但剛入

28　張九齡撰，熊飛校注：《張九齡集校注》（北京：中華書局，2008 年），卷 5，頁 404－405。

河，他的馬就溺水了，「纔入數步，馬溺焉」，兩者對照，突出玄宗受天命之福佑，非人力之所能及。張九齡總結：「不沈也，安足以驗飛？無凡也，於何以昭聖？」用沉與不沉，凡與不凡相對照來展示玄宗的特出處，恰足以說明此一符瑞的設計邏輯。十一年的「白鹿」作為傳統符瑞，文獻可徵，但因「逐鹿」並無前例可循，故要在事件中強調玄宗受天之佐的特殊性，作為「昭聖」的證據。

〈述聖頌〉提及的植物瑞只有「木連理」，對應的是十九瑞的「李樹」；同時，十九瑞還增添新的植物瑞，那便是「嘉禾」。我們先看從「木連理」到「李樹」的敘事發展。連理木本是常見的符瑞，寓意雖然吉祥，但在符瑞的傳統中並不特出。張說的〈十九頌〉強化木連理和李唐王朝的關係。在張說的敘事中，連理的是李樹的枝幹，恰與李唐國姓相符；發現李樹連理的地方則是「延唐寺」，又和國號相應，曰：「皇帝臨潞州，延唐寺有李樹連理。」玄宗在潞州的時候適逢長安有韋氏干政，延唐寺的李樹相連，似乎預示李唐國運有繼，將會重新獲得權威的地位。新加入的「嘉禾」也是史書常見的符瑞，本身並不特殊。所謂嘉禾指的是一莖多穗的禾草，它的符瑞地位是由周公所確立，因為周公便曾得到唐叔所得的嘉禾，事見《史記．魯周公世家》：「天降祉福，唐叔得禾，異母同穎，獻之成王，成王命唐叔以餽周公於東土，作餽禾。周公既受命禾，嘉天子命，作嘉禾。」[29] 玄宗得嘉禾自有上天賜福的意思，但同樣值得注意的是，玄宗並不是第一位得到潞州嘉禾的李唐帝王，根據《潞州志》記載，唐太宗也曾得到潞州所出嘉禾：「唐太宗貞觀三年十二月潞州獻嘉禾」[30]。太宗開創貞觀盛世，在李唐的帝系中有無可取代的崇高地位，玄宗取得和先祖一樣的祥瑞，便可在祥瑞的層次上繼承太宗。

〈述聖頌〉本有「神光照室」事，但此條在〈十九頌〉當中不存，取而代之的是「紫氣」。正如前文所述，「神光照室」常常是表示帝王降生的祥瑞，李淵誕生時便有神光出現。但是，神光在誕聖的層次上雖可與受命王者的身份聯繫，卻無法關聯玄宗「歷試」的背景。因此，張說將神光改寫為紫氣，因為紫氣雖然

---

29 《史記》，卷 33，頁 1519。

30 （弘治）《潞州志》，卷 3，頁 286。

也是高祖降生的神異（紫氣充庭，神光照室），但與「誕聖」的聯繫在符瑞系統中並不穩固，它更常被當成一種太平之應，也可以被詮釋為「韜神晦跡」，薛道衡（540－609）的〈高祖文皇帝頌〉便賦予李淵出生的兩道符瑞不同的意義：「誕聖降靈則赤光照室，韜神晦跡則紫氣騰天。」赤光即神光，與誕聖之說印證；而紫氣對應的卻是「韜神晦跡」，更符合玄宗歷試、將登大統的現實。同時，玄宗紫氣是出現在他離開潞州之後，這又讓人聯想到老子李耳的傳説，《列仙傳》記載老子西游的時後有紫氣圍繞在關口周圍：「老子西游，關令尹喜望見有紫氣浮關，而老子果乘青牛而過也。」[31] 李唐奉老子李耳為先祖，《祥瑞頌》之〈赤鯉〉和〈李樹〉也都有彰顯國姓之意。張説將「神光照室」改為「紫氣浮宮」，一方面暗示玄宗與李唐先祖老子的關聯，另方面「老子西遊」又與當下玄宗返京、「驅馬西朝」(〈金橋〉)的事實更為貼近。

〈述聖頌〉説玄宗的潞州符瑞還包括謠言，也就是「謠言合讖」。但在諸瑞合頌的文章裏不能詳述其

31 司馬貞：《史記索引》引《列仙傳》，《史記》，卷 63，頁 2141。

背景和內容，十九頌的版本恰補足其意。所謂「謠言」也有兩種，按照「合讖」也就是符合預言的意思來説，十一年的「謠言」應該是與十九頌的「金橋」對應，因為金橋瑞的內容是玄宗返回長安之前，潞州南邊二里的金橋已經出現的童謠「聖人執節度金橋」。童謠的內容與玄宗景龍三年由金橋返長安的歷史事實相合，所以頌文稱「卻尋後事，一合童謠」，也就是「合讖」的意思。但是，十三年的符瑞版本中還加入另一首童謠，那就是景龍二年九月的羊頭山北童謠，內容是「羊頭山北作朝堂」。羊頭山正在潞州南六十里，山北指的正是玄宗所在，預示玄宗所在便是朝廷所在，玄宗的身份也就不言而喻了。

突出受命帝王的天命還有一種特殊的模式，那便是前帝王對受命者的厭勝。厭勝就是用某種手段去壓制別人的巫術，在受命的傳統故事當中，它往往表現為前帝王去壓制後來受命者的天子氣，我們前面説過《史記．高祖本紀》裏記載秦始皇厭東南天子氣，就是典型，龍池的符瑞敘事當中，也有唐中宗遊隆慶池以厭天子氣的表述，我們在上一章已經説過了。十九瑞當中，「大王山三疊」和「疑山鑿斷」都繼承了這個模式。我們先說三壘的故事，根據張說引《魏書》所載，有懂得望氣的人說上黨的大王山有天子氣，魏太武帝知道後產生猜忌，於是就在山上修築防禦工事，意圖以軍壘壓制天子氣。魏太武厭氣的時間已過去三百多年，當年的天子氣雖已不在，但此地仍會出現真龍天子，那就是玄宗。言下之意，當年的天子氣實應在玄宗身上。張說透過這種敘事，將過去的厭勝活動關聯到玄宗，從而可以藉此講述玄宗的天命故事。「疑山鑿斷」涉及北魏孝文帝的厭勝故事。根據《上黨記》的傳說，孝文帝從代京幸洛陽，發現上黨的山上有龍伏在其上，孝文懷疑有人當天命，於是便命人挖斷山的東麓，想要壓制這條龍，所以這座山便被命名為疑山。張說引述這個故事然後作頌，稱疑山的伏龍之氣應在玄宗，無論北魏如何穿鑿，也不可能動搖上天的旨意，「魏雖穿鑿，能違天乎？」這兩道「符瑞」的邏輯相似，都是通過厭勝的故事反過來證明玄宗正是天命之所歸。

第三節　潘炎與符瑞賦的展開

張說的十九頌是奉敕作，代表官方的立場，當是玄宗潞州瑞的最終版本。有意思的是，前引《山西通志》在記錄有關這些符瑞的作品的時候，更多提到的作者不是張說，而是潘炎，這在《通志》的興唐宮、寢堂和金橋條都可以看到。

潘炎又是誰呢？不同於張說是玄宗的宰相，封燕國公，在兩《唐書》有傳，我們今天對潘炎的生平了解不多，只知道他是劉晏（716?－780）的女婿，且從代宗大曆十二年（777）「以右庶子潘炎為禮部侍郎。」可以推斷，他的時代要晚於張說。《全唐文》著錄潘炎的賦十四首，和張說十九頌的符瑞一一對應；潘炎或許作的是十九首賦，但有五首散佚，所以我們只能看到十四首。又從潘炎賦的敘事來看，他稱「臣炎作賦，天子萬年。」天子指的是符瑞所應的唐玄宗，既稱天子，說明潘炎作賦的時候玄宗還在世。因此，我們推測這十四首賦應該是玄宗天寶時期的作品。這十四首賦[32]如下：

32 《全唐文》，卷 442，頁 4506 下－4511 上。

	題目	賦序	賦文
1	日抱戴賦 有序	景龍元年四月二十四日，皇帝初臨上黨，日抱戴。皇天告符，微臣頌之。蓋古詩之流也。賦曰：	日麗於天，是曰太陽。經千里，臨八方。符一人之元聖，曜五色之重光。祚我休徵，莫先懸象。表至聖之無二，呈繼照於明兩。陽光杲耀，抱黃道而再中；喜氣氤氳，戴赤霄而直上。聖有感，天無私。八紘占其瑞色，六合仰其重離。終古不虧，得天長久。豈止大章之步，非齊夸父之走。惟抱也，同眾星之拱北辰；惟戴也，比萬邦之奉元后。則知天為父，日為兄。同符協慶，以應文明。我皇首出而御極，光被無垠而太平。
2	月重輪賦 有序	抱戴之秋，八月十有四日，夜月重輪，瑞之大者。天意若曰將俾吾君姊事之。賦曰：	我皇初列唐侯，潛蟠藩國。英武方斷，文明表德。穆然思道，順帝之則。既而動三合，奔百神，廓太清而萬里，耀朗月以重輪。時屬高秋，瑞彰元后；光泛皎潔之斜漢，色映闌干之北斗。金波耀景，非懸鬮澤之名；璧彩揚輝，不入士衡之手。理殊吳夢，符炳漢謠。淨桂花於日道，環水鏡於丹霄。臺榭冰潔，郊原霜縞。月之揚光，天不愛道。一盈一缺，則惟其常。彩溢重輪，告於天表。大人占之，夏啟以兆。亦所以類星珠，表金鏡。兩耀齊美，一人之慶。於萬斯年，受天之命。

（續上表）

	題目	賦序	賦文
3	赤龍據桉賦 有序	景龍二年夏四月十七日，帝在廳事假寐。白鶴觀道士宋大辯等三十人同見赤龍據桉，至矣哉！神妙無方，不可得而稱也。賦曰：	元天之龍兮見而在田，我后之龍兮飛以御天。據聖人之大寶，與列祖而同元。高出而潛，躍以自試。來定天寶，居然假寐。合而成體，散而成章。若窺於牖，若施於堂。且據桉而向明，負扆以當陽。日月在身，有舐天之嘉夢；風雨合氣，將振翼而雄驤。群居愕視，聖作物覩。赫然龍光，真我明主。析券表異，亦惟前聞。曠然振古，卓有吾君。王人之瑞，比之龍首。高居而遠望，以臨乎九有。天子之威，比之龍鱗。皇之可畏，以肅乎萬人。徒稱其象，未覩其真。恭惟我后，近取諸身。於昭巨唐，其命維新。永據九五，斯焉萬春。
4	嘉禾合穗賦 有序	景龍二年秋八月，屬縣長子有嘉禾合穗。瑞不虛月，侯其禕而。乃賦曰：	天祚明德兮降之嘉生，按彼靈篇兮莫之與京。脈震土膏，且分苗於南畝；駟臨天漢，爰合穗以西成。當元后之歷試，表休徵於太平。不莠不稂，實堅實好。引薰風於和氣，承湛露於蒼昊。生非百里，驗管仲之虛辭；出異崑山，自我皇之所寶。在瑞圖之右，為曠代之祥，唐叔得之而合穎，周成得之以充箱。雙米一稃，稱之表異；孤莖六穗，頌以非常。今也尤盛，居然允臧。轉風而屢騰佳氣，就日而交見祥光。獨天不生，托厚載於富媼；非聖不感，效元符於我皇。我皇得之熾而昌，風之起兮雲之揚。嘉禾之瑞未可量，天子億載臨萬方。

（續上表）

	題目	賦序	賦文
5	潞河逐鹿賦 有序	景龍二年八月，帝逐鹿於潞河。惟河也，深三丈，闊倍之。鹿迫而入水，因鞭而逐之，水不及韉。應弦獲鹿。後騎入者溺焉。賦曰：	大君於田兮巷無居人，四鍭如樹兮六轡既均。定俞騎而百靈奔命，騰雨師而四野清塵。鳴獸駭殫，川原飛伏。事非定霸，不求陳寶之雞；位在至尊，故取中原之鹿。驚而決驟，鳴不擇音。將投身以赴水，非順命而前禽。駭浪溢涌，揮鞭電爍。烏號滿月而方開，驥足撇波而巨躍。乘流既濟，赫怒中止。斃駭鹿之一發，振驚弦而未已。洞胸絕系，左角右觭。雖復驅兩豜而獲五豵，發小豝而殪大兕，皆平陸之常事，曾何足以踰此。誰謂河廣？一馬馳之。大人將興，靈感若茲。諒神明之所輔，何後乘之可追？從此繼天而作主，元元日用而不知。
6	童謠賦 有序	景龍二年九月後，常有童謠云：「羊頭山，作朝堂。」郡南六十里有羊頭山，今興唐宮，即當之矣。賦曰：	熒惑之星兮列天文，降為童謠兮告聖君。發自鳩車之歲，稱為竹馬之群。其言伊何？克明寶位。惟山之北，正應天邸之居，曰興朝堂，用彰天子之置。大人占之而自負，黎庶聞之而屬意。天人合慶，歷運其昌。同康衢聞於翼善，比歸亳順於成湯。言且表微，諒人神之應；事惟在昔，殊飛走之祥。豈比卯金稱為劉氏，赤伏徵於漢光。且游童之謳謠，羌見傳於疇昔。千古所記，百王不易。豈徒採於茅茨，空用書於竹帛。天贊我皇，時高列辟。惟一人之有應，振六合之光宅。

（續上表）

	題目	賦序	賦文
7	黃龍見賦 有序	景龍二年秋九月五日，黃龍見於上黨伏牛山之南岡，遲留久之，表彰聖人之德也。賦曰：	龍之來兮乘其陽，躍於泉兮臨高岡。龍之至兮歸有德，符於黃兮土之色。精曜曜，光雄雄。上不在天兮接於物，下不在田兮蟠於空。列四靈智稱其首，居五位色表其中。將銜甲以無比，與負舟而不同。明皇家之王氣，符曆數於聖躬。飛煙噴霧，若動若顧。聲雖虩虩，非同三尺之劍；色乃煌煌，下映五花之樹。誠帝王之嘉兆，寧朝夕之可遇。何蛇螾之足言，諒騰黃之匪喻。同翠龜之薦綠圖，彰大人兮告元符。覽史墨之言，未之聞也；驗登殷之祀，不其然乎！
8	漳河赤鯉賦 有序	景龍三年春二月，帝巡屬縣，至於襄垣，漳水有赤鯉躍，聖帝之瑞也。賦曰：	魚在在藻兮躍於中流，吾君戾止兮樂我王遊。惟赤鯉之呈祥，殊白鱗之入舟。非竹箭之危湍，無聞點額；同昆明之望幸，非為呑鉤。豈其為祥，必河之鯉？用表皇族，克繁帝祉。雖云水物，宜紫黿綠鰲之同身；是曰元符，亦赤雁丹烏之可比。頳鱗耀彩，碧水無波。非應瓠巴之清角，何言甯戚之高歌。周文之時躍於沼，漢宣之代舞於河。且合符於圖牒，宜入頌於猗那。豈徒鏤甲葺鱗，下沿上水泝。皆為儔匹，文鰩是喻。吐尚父之兵鈐，傳遠人之尺素。事稱嘉瑞，匪琴高之所乘；詩有樂胥，似相如之獻賦。

（續上表）

	題目	賦序	賦文
9	黃龍再見賦 有序	景龍三年六月十五日，黃龍再見於牛山，天意汲汲於聖人。賦曰：	龍之見也，春分而登於天；龍之潛也，秋分而入於川。假崇山而再見，應元聖而通元。蜿蜒孤蟠，雲霧四發。目中精耀，光飛列缺之火；頷下珠懸，色奪蟾蜍之月。方將遊彼池囿，豈徒止於郊野？非同上天之五虵，有異渡江之一馬。孫權象之而置於軍中，魏帝範之而於殿下。永言於此，我皇是宜。秦王之夢，立乎鄜畤；漢后之時，見於成紀。彼皆一至，此則重光。采色炫耀，文明焜煌。錯甲鏤鱗，既以成乎字；分官紀號，可以表其祥。超紫鳳於丹穴，越青鸞於女牀。龍德相承而無悔，天家久久而蕃昌。
10	九日紫氣賦 有序	景龍三年九月九日，帝與群官壺口山升高，時有紫氣，光彩照日。賦曰：	吾王不遊，人何以休？望壺口之千里，值重陽之九秋。山對翠屏，動暉光之赫赫；雲成紫蓋，扶晚日之油油。宛轉浮空，輪囷不散。應一人之盛德，為萬歲之榮觀。氤氳瑞色，無孤峰斷陣之嵯峨；搖曳晴空，雜玉葉金枝之爍爛。亦何異出蒼梧，入大梁，為漢武之蓋，升軒轅之堂。忽兮改容，形難為狀。紛紛郁郁，用表靈貺。迺同芒碭之間，非比崑崙之上。豈徒合以膚寸，垂以飄扇。河汾永兮天之眷，紫氣凝兮人罕見。位當用九，果符九日之祥；運極通三，永御三雲之殿。

（續上表）

	題目	賦序	賦文
11	李樹連理賦 有序	帝在上黨，延唐寺有李樹連理，上親視焉。賦曰：	惟彼嘉樹，列星之精。耀本扶疎，當元光之降誕；盤根連理，應我后之文明。天之發祥，豈無他木？必曰茲樹，是光皇族。所以並修幹，連高枝。青房表異，朱仲稱奇。察以休徵，不假終軍之識；同於樹德，寧為簡主之知。族茂宗榮，盤根合理。花之發也，霰每亂於青春；實之繁兮，珠更深於寒水。豈徒生於靈井，植彼東園。自感義以相待，但成蹊而不言。此乃興聖主之符，表天家之姓。一人親覩，六合稱慶。至若鍾山之實，玉井之仙，或正冠而垂訓，或投贈以成篇。比德於我，彼何有焉。臣炎作賦，天子萬年。
12	神蓍立賦 有序	景龍三年九月十七日，上使韓從禮蓍筮，卦未成，蓍自立。從禮曰：「大人之瑞也」。賦曰：	惟彼神蓍，生而有知。用之不測，明以稽疑。擢九尺之纖榦，伏千年之寶龜。德圓而神兮無幽不及，其生三百兮其用五十。惟聖人之觀象，乃神動而鬼入。列八卦以效變，翹孤莖而孑立。數彰得一，命乃自天。同大橫之有夏，表或躍而在田；其察也深，其功也大。稱美名於神物，齊妙用於神蔡。是曰元后，茲為筮從。氣受陰陽，夜分而彩露兼涵；幽贊天地，朝覆而輕雲數重。蓍而有靈，立定天保。可謂神助，用光天造。功深莫善，仲尼且許以鉤深；屈於不知，太公徒言乎腐草。蓍之立兮發其祥，吾君得之尊以光。明乎太極，演彼歸藏。因卜祝之符瑞，應天人之會昌。

（續上表）

	題目	賦序	賦文
13	金橋賦 有序	金橋在上黨南二里，常有童謠云：「聖人執節渡金橋。」景龍三年十月二十五日，帝經此橋之京師。賦曰：	沔彼流水兮清且漣漪，度木為梁兮於焉在斯。成金橋之巨麗，得鐵鎖之宏規。當其受以金模，觀其曲面。經始也則大火朝流，成功焉乃天根夕見。彰於聖德，發彼謳歌；千人唱，萬人和。丹艧蜿蜒，倚晴空之螮蝀；瑰材櫛比，超渡海之黿鼉。人且告符，功惟用壯。非填鵲之可比，法牽牛而為狀。鶴鳴陰處，雁覆晴川。異東明擊水而投步，匪秦帝驅山而著鞭。惟彼童謠兮言猶在耳，大人應運兮奉天而起。乘彼橋以徑度，按周道以如砥。於是提三尺，乘六龍，懷萬邦，入九重。
14	寢堂紫氣賦 有序	景龍三年十月二十五日，帝還京後，州內所居寢堂上有紫氣，七日不散。賦曰：	於穆聖王，先天不違。謳歌既洽，朝覲攸歸。往京邑而經千里，自潞郊而乘六飛。洪惟此邦，初九之地。翬飛鳥跂，謂尚諸侯之宮；虎踞龍驤，忽成天子之氣。方凝紫色，是謂非烟。乍蕭索乎空外，更霏微乎日邊。若動非虛，似浮有實。覆彩鴛之瓦，髣髴升堂；繞文杏之梁，氤氳入室。是作興王之兆，克符來復之日。遠而望之，乃散亂浮空；近而觀之，則希微無質。欲見峰巖之上，先形藩邸之間。異張華之寶氣衝斗，殊尹喜之真人度關。若乃廣野之宮闕化成，漲海之樓臺迴映，諒陰陽之盡美，非福應之攸盛。惟紫氣之來集，實皇家之大慶，休哉聖君，有天下之成命。

比較潘炎和張說對十九頌的詮釋，我們可以很直觀地發現潘炎賦的篇幅遠多於張說的頌。賦和頌本是不同的文體，賦有鋪陳之義，皇甫謐說賦是一種對事物的內涵與外延都展開全面描述，讓人無法再加一詞的文體；這種文體講求詞藻的美麗，所以美麗之文，就是在講賦這種文體：「然則賦也者，所以因物造端，敷弘體理，欲人不能加也。引而申之，故文必極美；觸類而長之，故辭必盡麗。然則美麗之文，賦之作也。」（〈三都賦序〉）頌則不一樣，頌本來是告神的文體，〈毛詩序〉對「頌」的解釋是「頌者，美盛德之形容，以其成功告於神明者也。」頌是呈現盛大之德的文體，它的作用是將成功上告神明。這種文體上的差異便導致賦頌在面對同一主題對象的時候有不同的表現。

張說的十九頌是以闡發玄宗之盛德為中心，潘炎賦在此之外還有鋪張粉飾的特點，我們以十九瑞居首的日抱戴和月重輪為例。先說日抱戴，張說寫「日」直說日，沒有鋪陳，曰「日告帝符」。而潘炎則要先說什麼是日，以「日麗於天，是曰太陽。經千里，臨八方」四句來鋪陳，說明太陽的特徵，意思是光明照耀四方的就是太陽，它的軌跡經千里，照臨各個方向。為了象徵受命天子至聖不二，潘炎還要突出太陽長久不虧的崇高地位，「終古不虧，得天長久」。張說頌圍繞太陽符瑞的意思而發，潘炎為了鋪陳，進一步引入和太陽有關但與符瑞無涉的典故，那就是「豈止大章之步，非齊夸父之走。」大章和夸父都是上古傳說中的人物，前者相傳是大禹的臣子，善走，大禹曾命他從極東走到極西，一共走了二億三萬三千三百里七十一步；夸父則曾逐日，最後渴死。這兩個典故是在說明太陽的地位崇高，並非凡人所能企及，接受太陽符瑞的聖君，自然也就有了無上的地位。再說月重輪，張說和潘炎都強調玄宗處於尚未龍飛的潛龍狀態，張說說「潛德」，潘炎說「潛蟠」，都是這個意思。張說以「金鏡」比月亮，是表現聖人的心如明鏡的意思，也就是頌文所說的「君心用明」。但潘炎賦的角度卻有不同，他說：「金波耀景，非懸闞澤之名；璧彩揚輝，不入士衡之手。理殊吳夢，符炳漢謠」，闞澤和士衡都是人名，闞澤是三國吳人，他十三歲的時候，有一天作夢夢到自己的名字出現在月亮當中（見〈會稽先賢傳〉）；陸士衡就是西晉著名詩人陸機

（261－303），他的擬古詩〈擬明月何皎皎〉:「安寢北堂上，明月入我牖。照之有餘輝，攬之不盈手。」[33]這兩個人的故事雖然和月亮有關，但和「月重輪」的符瑞沒有聯繫；他們也只是大臣，和帝王的身份也無關。所以，當潘炎鋪陳「月」的意象的時候，就只能夠以「非懸」、「不入」這些表示否定的方式將月的相關典故援引入賦。但既然是「非懸」、「不入」，那為什麼還要援引這些典故呢？這正因為潘炎想到用它們豐富月重輪之月的形象，恰與賦文體講求鋪張美麗的特點相符。

同時，隨着潘炎賦的展開，玄宗潞州符瑞的細節與意義也更加清楚了。張說頌和潘炎賦都有序，張說的序只是說明符瑞出現的背景，但潘炎往往直接說明它的意義。〈月重輪賦序〉:「天意若曰將俾吾君姊事之。」〈嘉禾合穗賦序〉:「瑞不虛月，侯其褘而。」褘而即偉大之意。〈黃龍見賦序〉:「表彰聖人之德也。」〈黃龍再見賦序〉:「天意汲汲於聖人。」都試

33 《六臣注文選》（北京：中華書局，2012 年），卷 30，頁 576 下。

圖直陳這些符瑞所代表的意涵。張説和潘炎序之所以有這樣的差異，或許是因為潞州符瑞經張説奉敕作頌之後定型，其意義也逐漸固定下來，故後起的潘炎賦方能明白地揭示其義。

潘炎為何要在張説之後再為上黨符瑞作賦，我們今天尚缺乏直接的證據。但可以知道的是，張説之所以兩次為這些符瑞作頌和國家大典是有關係的。正如前文説過，開元十一年的〈上黨舊宮述聖頌〉是玄宗北巡狩的總結，十三年的十九頌則是為了進一步滿足封禪的條件，因為在帝王封禪的諸多條件當中，受命符瑞是必要的一環。開元十三年年底的東封是玄宗朝唯一一次的封禪活動，但若問玄宗本人的意願，他其實是想要二度封禪的。天寶九年正月，禮部尚書崔翹率百官請封華山，玄宗本來已經同意在當年十一月封禪，卻因為華山廟失火而作罷。如果考慮玄宗首次東封泰山之時，史載獻賦頌者千餘篇，並可能得到嘉賞，潘炎重述潞州符瑞的背景或也與此相關。

玄宗政權結束之後，上黨符瑞的政治影響也隨之消散在歷史當中。我們偶而還可以在唐人的言説當中發現上黨的符瑞痕跡，比如李紳〈上黨奏慶雲見〉：

「飛龍久馭宇，真氣尚興雲。五色傳嘉瑞，千齡表聖君。」[34] 真龍天子早已離開上黨，但餘留下來的天子氣尚且能招致祥雲。只是受命於上黨的天子畢竟已經走下歷史舞台，更多的是留給後人的無限感慨。唐武宗會昌五年（845），因澤潞平定，群臣請上尊號仁聖文武章天成功神德明道大孝皇帝，李商隱為河南盧尹上表賀，稱「清明皇之舊宮，復金橋之故地。曾非曠歲，集此丕功。」明皇之舊宮即玄宗在潞州的飛龍宮，金橋則是當年玄宗返長安，應童謠之地。舊宮與金橋之所以重要，正是因為潞州是玄宗功業所起之地，玄宗就是從這裏出發，而後開創開元天寶盛世，從這個角度來説，潞州也是盛唐的象徵。李商隱特明此意，故以唐武宗平澤潞之事延伸到他恢復先祖輝煌之意。

第四節　符瑞餘馨

上黨的系列符瑞隨着李唐的覆滅成為歷史，走進

34 《全唐詩》，卷 483，頁 5493。

方志，成為地方的景觀。（乾隆）《長治縣治》所附古蹟包括飛龍宮、聖瑞閣、德風亭、興唐宮、寢堂和金橋，都和玄宗在潞的經歷相關。（弘治）《潞州志》還載有「上黨八景」，其中「壺口祥雲」和「瑞閣餘馨」都出自十九瑞，前者指的是景龍三年九月九日，玄宗與群官登壺口山時所出現的紫氣，後者即玄宗因《瑞應圖》所建的「聖瑞閣」。八景之中與玄宗符瑞相關的佔其二，被視為上黨景觀的代表。這説明作為玄宗天命敘事一環的符瑞雖然失去其現實的政治意義，但卻形成新的名勝。清乾隆年間的《長治縣志》「瑞閣餘馨」條下有蔡履豫、魯兆壽和于公允所作的詠詩，亦可見玄宗的符瑞故事已成為當地的歷史記憶，故能成為文士歌詠的對象。這三首詩[35]如下：

巍巍兹閣在前唐，瑞靄應知逈異常。抱犢化龍頻奮躍，發鳩成鳳巳飛翔。不堪江上愁鈴雨，無復宮中妬印章。但唱開元供奉曲，風流端的美人皇。（蔡履豫）

35 清乾隆二十八年刻本《長治縣志》卷 26。

看花梳洗已荒凉，瑞閣空臨酒幾觴。白鶴不來雲白舞，飛龍何處鳥徒翔。山川　依舊連王屋，景物蕭條接太行。寂寂秋原懸夕照，金橋遥指嘆明皇。(魯兆壽)

百尺巍臺想繡楣，瑞圖應運世多奇。東迎王屋聯佳氣，西對虒祁映日曦。帳望長安今日淚，笙歌潞國昔年思。幾回登眺空遺跡，蔓草荒烟白鶴逶。(于公允)

蔡履豫説聖瑞閣是前朝遺蹟，這裏曾有瑞靄，標誌此地的特殊性。瑞靄當是指十九頌中的寢堂紫氣，也就是天子氣。化龍與成鳳都述玄宗由龍潛到龍飛的狀態，強調上黨是帝王發跡處，「抱犢」是隱士的典故，《元和郡縣志》:「抱犢山，在縣北六十里……昔有遁隱者，抱一犢於其上墾種，故以為名山。」[36]「發鳩」則是指精衛鳥，精衛鳥棲息在發鳩山上，發鳩山正在上黨郡長子縣西，《山海經》:「又北二百里，曰

36　李吉甫：《元和郡縣圖志》(北京：中華書局，1983 年)，卷 11，頁 306。

發鳩之山，其上多柘木，有鳥焉，其狀如烏，文首白喙赤足，名曰『精衛』。」[37] 但昔日的繁華俱往矣，只能從盛唐的歌曲懷想當年的風流了。潞州符瑞出現的時間是中宗景龍年間，尚未進入玄宗朝，但因潞州被視為開元盛世的起點，因此蔡履豫在歌詠瑞閣餘馨的時候，也將敘事延伸到代表盛世的「開元供奉曲」，供奉曲就是宮廷的歌曲。魯兆壽歌詠瑞閣，但卻將視野拓展到瑞閣之外的空間。玄宗當年因十九瑞應圖瑞而建瑞閣，傳説閣成之時有白鶴來翔，如今瑞閣早已不存，白鶴自然也不會再出現；作為十九瑞重要組成的黃龍曾經預示玄宗從龍潛到龍飛的過程，現在黃龍已成歷史，惟有飛鳥在此地翱翔着，而唯一可以想見昔日輝煌的，便是潞州南二里的金橋了。盛唐已遠，此地空餘荒涼，唯有自然山川景物依舊，不禁引起無限的人事感慨。于公允則從眼前的遺跡想像瑞閣當年華美的裝飾，「繡楣」即繡楄雲楣，指的是建築樑和枋的裝飾，又從建築的想像延伸到建築內所藏的瑞

---

37 郝懿行：《山海經箋疏》（北京：中華書局，2019 年）卷 3，頁 116，117。

圖，從而勾起對盛唐的歷史追懷。詩歌試圖在一個更廣闊的歷史空間呈現瑞閣的意義，他將瑞閣置於王屋山和虒祁宮之間，前者是太行山的一部分，有進入長安的通道，後者是春秋時代晉國的宮殿，代表晉平公稱霸中原的野心。但無論是長安或是虒祁都早已不再是政治的中心，回到當下的聖瑞閣遺跡，只能看到蔓草荒蕪，而當年為慶祝瑞閣瑞落成而飛來的白鶴亦早已遠去，再不見蹤跡了。于公允將瑞閣敘事由所在地潞州延伸到李唐的首都長安，長安自是大唐盛世的代表，而潞州被視為是此盛世空間的延伸。

潞州符瑞本身具有形象，被瑞應圖所保存，為保存瑞圖，又形成聖瑞閣的空間。在李唐王朝走向衰弱之前，矗立在上黨的聖瑞閣如同長安的花萼相輝與勤政務本樓，如同紀念碑般向他的臣民展示神聖的王權根基，亦成為當地的地標景觀。

李唐亡後，潞州符瑞失去政治的功能，但他們的故事卻可因賦頌的闡釋而繼續流傳，在代代的講述下，成為地方文化的重要組成。與這些符瑞相應的空間又形塑了地方的名勝，壺口本是自然形成，但因玄宗紫雲的傳説才被賦與特殊的文化意義，「壺口祥雲」

方能成為「上黨八景」之一；瑞閣是人造建築，那怕早已傾倒，不復原貌，但殘存的遺跡也足以吸引文士歌詠，寄託思古之幽情。玄宗的上黨符瑞塑造當地的文化，也創造景觀。

結　語

長安的龍池與上黨的十九道符瑞俱是玄宗政權的重要組成。從符瑞的角度來説，在天人相感的政治傳統當中，代表上天旨意的符瑞具有至高的權威，是證成帝王天命的重要依據。公元 762 年，唐玄宗駕崩，王縉（700－782）〈玄宗大明皇帝哀冊文〉總結他的一生：

> 維城之年，佐潞之政。一蓍獻兆，百靈翼聖。躍馬截流，水不敢競。潛龍變海，池亦呈慶。有開必先，興王之盛。[1]

蓍兆和躍馬代表佐潞時的十九道符瑞，即十九頌當中的〈神蓍〉和〈逐鹿〉；潛龍變海指的則是興慶宮的龍池。十九瑞與龍池共同構成玄宗的天命論述，也是玄宗政權的神聖基石。同時，符瑞又具備形象，

1　《全唐文》，卷 370。

這就為景觀的形成提供可能。玄宗符瑞的神聖意涵隨着李唐的覆滅而崩解，首都長安的龍池變成地方的興慶池，它或構成後人的盛唐記憶，或因其景觀而走入庶民的生活，成為城市的名勝；潞州的十九瑞先形成圖像，又因圖像而形成建築，且被收入方志，最後構成當地的代表景觀，亦形成潞人對城市的歷史記憶。龍池或稱興慶池幾經枯竭，最後在現代考古工作者的努力下部份復原，即西安的興慶池公園，是城市的代表景點之一；十九瑞的遺跡以難再尋，但今山西的地方志中猶可見與這些符瑞對應的景觀，是上黨即長治歷史文化的重要組成。最後，我們以《長治縣志》卷五「聖瑞閣」條作為結束語：

> 元宗在潞州，州中獻瑞者前後十有九。後踐位，潞人獻瑞應圖，遂建閣，賜名聖瑞……後閣廢，僅留一土錐巍插天表，越今春秋不知幾歷，究非風雨所能摧。為八景之一。[2]

---

2 《長治縣志》（清乾隆二十八年刻本），卷 5，頁 428。

因符瑞而成的物質建築也會隨時間消逝，但它仍會在地方留下遺跡。玄宗的符瑞無論是否以遺跡的方式而被保存，都已因文字的詮釋而形成文化的圖景，亦是「究非風雨所能摧」。

香港城市大學中文及歷史學系
創系十週年叢書 02

盛世的風景

唐玄宗的天命敘事與城市景觀

呂家慧 著

叢書總編 程美寶 陳學然

責任編輯 黃杰華
裝幀設計 簡雋盈 陳佩珍
排 版 陳美連
印 務 劉漢舉

出版
中華書局（香港）有限公司
香港北角英皇道 499 號北角工業大廈 1 樓 B
電話：（852）2137 2338
傳真：（852）2713 8202
電子郵件：info@chunghwabook.com.hk
網址：http://www.chunghwabook.com.hk

發行
香港聯合書刊物流有限公司
香港新界荃灣德士古道 200 - 248 號
荃灣工業中心 16 樓
電話：（852）2150 2100
傳真：（852）2407 3062
電子郵件：info@suplogistics.com.hk

印刷
美雅印刷製本有限公司
九龍觀塘榮業街 6 號海濱工業大廈 4 樓 A

版次
2024 年 12 月初版

規格
32 開（190mm × 130mm）

ISBN
978-988-8912-13-1